원 모어: 모든 반전에는 이유가 있다

초판 1쇄 발행 2025년 6월 18일
지은이 유승민
펴낸이 안종만·안상준
편집 총괄 장혜원
디자인 정혜미
마케팅 조은선
제작 고철민·김원표
펴낸곳 (주)박영사
등록 1959년 3월 11일 제300-1959-1호(倫)
주소 서울시 금천구 가산디지털2로 53, 210호(가산동, 한라시그마밸리)
전화 02-733-6771   **팩스** 02-736-4818
이메일 inbook@pybook.co.kr   **홈페이지** www.pybook.co.kr
ISBN 979-11-303-2362-6 03810

* 파본은 구입하신 곳에서 교환해 드립니다. 본서의 무단복제행위를 금합니다.
* 책값은 뒤표지에 있습니다.
* 인북은 (주)박영사의 단행본 브랜드입니다.

유승민

MORE

모든 반전에는 이유가 있다

인뎁

차례

1 · 015
2 · 059
3 · 099
4 · 127
5 · 169
6 · 213
7 · 259

에필로그 · 295
추천사 · 298
연보 · 303

"제42대 대한체육회장으로 기호 3번 유승민 후보자를 공표합니다."

"와!!!"

아득히 환호 소리가 들려왔다.

"대한민국 스포츠의 희망찬 내일을 함께 걸어갈 제42대 대한체육회장으로 기호 3번 유승민 후보가 당선되었습니다!"

사회자의 안내에 박수 소리가 이어졌지만, 그와 동시에 무거운 침묵도 흐르고 있었다. 많은 사람들의 예상을 빗나간 결과, 그것은 환호와 정적이 공존하는 특이한 분위기를 만들고 있었다.

모두가 안 된다고 한 도전에서 수많은 반대를 딛고 다시 계란으로 바위를 깨고 말았다. 20년 전 아테네에 있던 '선수 유승민'이 떠올랐다. 중국을 꺾는 건 절대 안 되는 거라고, 결승에 올라간 것만으로 충분하다던 말들 앞에서 첫 번째 바위를 깼다.

그리고 2016년, 은퇴 후 지도자의 길을 걷고 있던 나는 리우 올림픽에 참가하기 위해 홀로 출국했다. 국제올림픽

위원회(IOC) 선수위원에 도전하는 길이었다. 국내외를 막론하고 유승민이 되리라 예상하는 사람은 없었다. 하지만 가장 먼저 일어나 가장 늦게 잠들며 두 번째 바위를 깼다.

8년이 지나 IOC 선수위원으로서의 임기 마지막 해, 대한체육회장에 도전했다. 견고한 지지층을 가진 상대에 맞서 누구도 되지 않을 거로 생각한 선거에 도전하며 나는 세 번째 바위 앞에 선 것이었다.

탁구 신동, 타고난 선수, 천재…….

선수 시절 언제나 따라다닌 수식어다. 금수저를 물고 태어났다는 말을 들을 때마다 나는 그저 조용히 웃었다. 누가 알까? 지독하게도 가난한 어린 시절을 보내며, 남들보다 조금 일찍 어른이 되었던 나를. 탁구대 앞에 선 나를 보면 얼굴이 밝아지던 부모님을 떠올리며 하루하루를 어떻게 뛰어왔는지.

'소년 28세'라는 별명으로 유년기를 보낸 나의 이야기를 한번 시작해 보려고 한다.

모든
반전에는
이유가 있다

2024 파리 올림픽을 끝으로 IOC 위원 임기를 마무리할 무렵, 주변에서 대한체육회장 선거에 도전해 보라는 제안을 했다. IOC 선수위원으로 8년, 대한탁구협회장을 5년 동안 역임하긴 했지만 그런 나에게도 대한체육회는 단순하게 생각할 조직이 아니었다.

예상보다 훨씬 더 복잡한 갈등들이 얽혀 있을 것이 분명했고, 내가 잘해 낼 수 있을까 생각했을 때 선뜻 확신도 서지 않았다. 무엇보다 그동안 쉼 없이 달려온 몸과 마음이 이제는 나를 위한 시간을 갖고 싶다며 신호를 보내고 있었다.

한참을 생각했다. 체육계를 둘러싼 환경은 녹록지 않았고, 많은 체육인들의 우려가 커지고 있었다. 나는 그들의 걱정을 희망과 행복으로 바꾸고 싶었다. 스포츠가 가진 힘이 얼마나 밝고 긍정적인지 많은 사람들이 느낄 수 있으면 좋겠다는 마음이 들었다. 결국 출마를 결심했다.

어렵게 결심을 하고 공식 선거운동이 시작되자마자 현장의 목소리에 귀를 기울였다. 단순히 듣는 것에 그치지 않고 현실적인 문제에 대해 함께 고민했다. 앞으로 나아가야 할 방향성에 대한 조언도 들었다.

2025년 1월, 당선이 확정되자 기자로부터 질문을 받았다.

"2004 아테네 올림픽에서 중국의 왕하오를 꺾고 금메달을 땄을 때와 2016 리우 올림픽에서 IOC 선수위원으로 당선되었을 때 그리고 2025년 대한체육회장에 당선되었을 때 중 어떤 도전이 가장 어려웠습니까?"

"상대로 보면 왕하오가 가장 셌고, 힘들었던 건 이번 선거 기간이 가장 힘들었습니다."

언론이 '대이변'이라며 대한체육회장 당선 기사를 쏟아내고 있을 때 나는 2004 아테네 올림픽에서 금메달을 목에 건 순간을 떠올렸다. 그때도 언론은 유승민이 준결승에서 바르셀로나 올림픽 챔피언인 얀-오베 발트너를 꺾는 '이변'을 연출한 데 이어, 결승에서 중국의 벽을 넘고 귀중한 금메달을 목에 걸었다고 보도했다.

전(前) 대한체육회장의 3선을 저지하고 유승민이 당선된 것을 언론은 대이변이라고 본 것이다. 하지만 내 기준에서는 아테네 올림픽 결승 상대였던 왕하오가 더 어려웠다.

당시 왕하오를 상대로 유승민이 승리할 거라고 예상한 사람은 많지 않았다. 하지만 나는 '내가 이긴다'는 믿음을 갖고 있었다. 컨디션이 최상이기도 했지만 이긴다는 확신을 가져야 승리가 현실이 된다고 생각했다.

IOC 선수위원에 도전했을 때도 마찬가지였다. 당선 가능성이 희박하다는 전망이 대세였고 현실적인 장벽도 만만치 않았다. 하지만 나는 운동을 할 때부터 익숙해진 '원 모어(One More)' 정신을 떠올렸다. 단 한 표라도 더 얻겠다는 마음으로 최선을 다했다. 그렇게 '하나만 더 하나만 더'를 하다 보면, 결국 내가 되지 않을까.

특히 IOC 선수위원은 경쟁이 아니라 전 세계 선수들을 상대로 지지를 얻어야 했다. 그렇다면 내가 건네는 인사, 내가 가진 마음의 진정성에 대한 확신이 있어야 좋은 결과를 얻을 수 있을 것이다. 나는 선거 기간 내내 가장 먼저 일어나 가장 늦게까지 다니며 선수들을 만났다. 그들을 위해 무엇이 필요한지, 어떤 걸 할 수 있는지 이야기를 듣고 같이 고민했다.

우려를 딛고 당선이 되자 사람들은 놀랐다. 하지만 나는 그때 다시 한번 느꼈다. 승리는 확신을 가지고 최선을 다할 때 따라오는 결과라는 것을.

돌아보면 승패를 가르는 것은 환경이나 상대가 아니었다. 스스로에 대한 확신이 중요했다. 무모해 보이는 도전을 앞두고 망설이는 분들이 있다면 이런 말을 해드리고 싶다. 아무리 어려운 목표라도 스스로에 대한 확신을 가지고 진정성을 보인다면, 승리는 현실이 될 수 있다고. 결국 현실은 내가 믿는 만큼 변하기 마련이다.

"탁구 신동이라 불렸던 유승민 선수가 지난 시드니 올림픽에서의 아픔을 이겨내고 오늘 결승에 올랐습니다. 4강에서 다행히 중국팀을 피했지만, 탁구 100년 역사상 최고의 천재라고 불리는 백전노장 스웨덴의 얀-오베 발트너 선수와 대결을 했는데요. 이 경기에서 유승민은 초반부터 강력한 모습을 보이며 4대 1로 승리했습니다."

"축하한다. 승민아!"

"드디어 해냈구나!"

2004 아테네 올림픽에서 결승 진출이 확정되자 언론은 물론이고 지인들의 축하 전화가 빗발쳤다. 나도 올림픽이라는 무대에 출전하는 것 자체가 꿈이었던 시절이 있었고, 또 올림픽에 출전한 선수가 메달권에만 들어도 수많은 사

람의 축하를 받을 자격은 충분하다. 하지만 나에게는 아직 한 경기가 남아 있었다. 축하는 그 이후에 받아야 할 것 같았다.

그로부터 20년이 지난 2024년, 나는 파리 올림픽에 참가하고 있었다. 선수 유니폼 대신 정장을 입고 펜홀더가 낯선 후배 선수들을 위해 탁구대 앞에 섰다. 그러고는 IOC 선수위원으로서 마지막 시간을 보내기 위해 경기장을 나섰다.

목표가 있어야 삶의 방향을 정할 수 있다

처음 올림픽 출전을 목표로 삼았을 때가 2000 시드니 올림픽이 얼마 남지 않은 때였다. 1998년 고등학교 1학년 선수였던 나는 조금 더 큰 산을 바라보기로 했다. 그런 나에게 당시 12월에 열리는 전국종합선수권 대회는 반드시 좋은 결과를 내야 하는 무대였다. 초등학생부터 일반부까지 모든 선수들이 이른바 '계급장'을 떼고 겨루는, 국내에서 가장 크고 권위 있는 대회였기 때문이다.

그런데 예선과 16강 경기를 잘 치른 후, 8강에서 거대한 산을 만났다. 두 달 전 치러진 1998 방콕아시안게임의 남자 단식 금메달리스트 김택수 선배와 경기를 치르게 된 것이다. 한쪽은 당시 최고의 주가를 달리는 아시안게임 금메달리스트, 다른 한쪽은 고등학생. 이 둘이 맞붙었으니 승부는 이미 한쪽으로 크게 기울어져 있었다. 누구도 내가 이길 것이라 생각하지 않았다.

하지만 결과는 3-0 완승. 경기가 끝나자마자 신문들은 '유승민, 김택수 선배 완파! 탁구 신동의 반란'이라는 타이틀을 달아 보도했다. 단순히 이긴 것이 아니라 파란을 일으켰다고 본 것이다. 나는 이 경기를 계기로 탁구 신동의 꼬리표를 떼고 한국 탁구의 에이스 대열에 합류했다는 평가를 받기 시작했다. 하지만 반란은 한 번으로 끝났다. 기세를 이어가지 못하고 4강에서 오상은 선수에게 3-2로 패해 결승 진출에는 실패했다. 3위로 대회를 마무리했고 이듬해 고등학교 2학년 때에도 그 대회에서는 3위를 기록했다.

당시에는 아쉬웠다. 금메달리스트와 겨루어 승리를 거두자, 마음속에선 올림픽 출전이라는 목표를 향해 한 걸음 더 내딛은 것 같았다. 이 정도의 기세라면 금세 1위를 할 것 같았고, 올림픽에 나가는 것도 크게 어려울 것 같지 않았다.

하지만 나는 2년 연속 3위에 오르는 것에 그쳤다. 지금 돌아보면 그 시기 1위를 하지 않고, 고등부 선수로서 꾸준하게 실력을 쌓아간 것이 나에게는 큰 도움이 되었다고 생각한다. 파란을 일으키고, 전국적으로 유명한 선수가 되면서 1위가 눈앞에 있는 것 같아도, 그게 결코 쉽게 닿을 수 있는 게 아니라는 걸 그때 배웠기 때문이다.

그러면서 꿈을 이루려면 목표를 세분화시켜 하나씩 이루어 가야겠다고 생각하게 됐다. 나의 큰 목표는 여전히 '시드니 올림픽 출전'이었고, 그러기 위해서는 일단 국내에서 상위권 성적이 필요했다. 큰 목표가 있지만, 그걸 이루기 위한 눈앞의 목표를 설계하고 나니, 하루를 보내는 일상이 더 단단해졌다. 훈련의 순간순간에도 더욱 집중하게 됐고, 작은 시합 하나도 허투루 하지 않았다. 지금 돌아봐도 굉장히 세밀하고 밀도 높게 지낸 시간이었다. 그리고 나는 결국 올림픽 출전권을 거머쥐었다. 고등학교 3학년 때였다.

어린 시절부터 공책에 미래에 이룰 계획을 적는 습관이 있었다. 예를 들어 현재가 1994년이라고 하면 1995년 상비군 선발, 1996년 국제대회 참가, 2000년 올림픽 금메달, 2008년 은퇴, 이런 식으로 2012년까지 계획을 세웠다. 단순한 바람이 아니라 구체적인 목표였고 그 내용들을 공책에 적어놓고는 다음 날 다시 쓰는 것을 반복했다.

당시 친구들은 내가 써놓은 것을 보면 "뭐하냐? 미쳤다"라고 하면서 웃었는데 그 나이를 떠올려 보면, 그럴 만도 했다. 어린 나이에 그렇게 멀리 내다본다는 것이 터무니없어 보였을 테니. 하지만 나는 목표 없이는 방향을 정할 수 없다고 생각했고, 탁구선수로서 나의 목표는 2000년 올림픽 금메달로 정했다.

그런 나에게, 선발전을 거쳐 아시아 지역 예선을 통과한 후, 2000 시드니 올림픽 출전 자격을 얻었을 때의 성취감은 지금도 잊지 못한다. 어린아이가 오래도록 그려왔던 꿈의 순간을 현실로 맞이한 것이다.

88 올림픽이 남긴 여운

내가 떠올릴 수 있는 가장 오래된 기억 속에서부터 나는 탁구를 치고 있었다. 유년 시절, 아버지와 어머니 그리고 나 이렇게 세 식구는 치킨집 안쪽에 있는 작은 단칸방에서 살았다. 호프와 함께 치킨을 팔던 가게는 저녁에야 문을 열었는데, 조금이라도 더 벌기 위해 부모님은 낮에도 일을 하셨다.

어머니는 낮에 공장에서 일을 하셨기 때문에 집은 텅 비어 있었다. 빈집으로 가기 싫던 나는 유치원이 끝나면 아버지가 일을 도와주시던 동네 탁구장으로 향했다. 그때 자연스레 탁구공을 쳐보기 시작했다. 겨우 7살이었다. 탁구대가 가슴께까지밖에 오지 않았을 테니 아마 탁구채를 들고 아저씨들이 치는 걸 보며 따라 했을 거다.

당시는 1988 서울 올림픽이 끝난 직후였는데 탁구가 올림픽 종목으로 채택된 첫해이기도 해서 올림픽을 계기로 전국적으로 탁구 붐이 일어났을 때였다. 동네마다 탁구장이 생겼고 탁구를 치는 사람들도 많아지고 있었다.

그런 환경에서 나도 자연스레 탁구를 치기 시작했다. 늘 같은 일상을 보내던 우리 식구의 생활 패턴 덕분에 나는 유치원이 끝나면 탁구장으로 향해 재미 삼아 탁구를 쳐보고, 밤이 되면 치킨집 단칸방에서 잠드는 일과를 반복했다. 가게는 작았지만 밤늦게까지 사람들이 들락날락했고 그 틈에서 나는 하루하루 자라났다.

2004 아테네 올림픽에서 금메달을 딴 후, 한 TV 프로그램에 출연한 적이 있다. 개그맨 김용만 씨가 MC를 맡은 프로였는데 감사한 사람에게 고마움을 전하는 콘셉트였다. 그 방송에서 조명했던 사연이 '어머니의 손가락'에 대한 이야기였다.

어머니는 검지 손가락 한 마디가 없다. 공장에서 일을 하다가 기계에 손이 찍히는 사고를 당하셨기 때문이다. 나는 지금도 그 손가락이 나를 키웠다고 생각한다. 어린 시절부터 보고 느낀 어머니의 헌신과 희생이 긴 시간 나를 지켜줬고 길러줬다.

탁구대에 서면, 부모님의 얼굴이 밝아졌다

매일같이 탁구대에서 공을 치던 어느 날, 나를 보던 동네 아저씨가 말했다.
"이 녀석 공을 참 잘 맞히네."
이 한마디가 나와 우리 가족의 일상에 작은 변화를 가져오기 시작했다.

당시 우리가 살던 곳은 부평 작전동의 까치마을이라는 작은 동네였다. 지금은 예전 모습을 찾아볼 수 없을 정도로 개발이 됐지만, 그때만 해도 매우 외진 동네였다. 그 구석진 동네에 내 소문이 조금씩 나기 시작했다. 그러다 소문이 점점 커지더니 조그마한 아이가 탁구를 꽤 잘 친다는 평가가 돌기 시작했다.

마침 외삼촌이 인천 주안사거리에서 '경인 탁구장'이라는 큰 탁구장을 운영하고 계셨는데 내가 탁구를 잘한다는 이야기를 꺼내자 외삼촌도 내 실력을 직접 보고 싶다고 하셨다. 얼마 후 외삼촌 앞에서 처음으로 탁구를 쳤고, 그 순간부터 탁구가 내 인생에 들어오기 시작했다.

학교도 다니지 않던 어린 나이에 나는 왜 그렇게 탁구를 쳤을까? 당시는 선수도 아니었기에 어떤 보상이 있는 것도 아니었고, 또래 친구들과 어울리며 뛰어다니는 축구 같은 운동도 아니었다. 워낙 어린 시절이라 자세하게 기억이 나지는 않지만, 지금 돌아보니 어린아이가 탁구 치는 모습을 어른들이 관심 있게 지켜본다는 것이 신기했던 것 같다. 무엇보다 내가 공을 칠 때마다 어머니, 아버지의 표정이 밝아졌기 때문에 그 웃음을 보고 싶어 더 씩씩하게 라켓을 휘둘렀던 기억은 또렷하다.

그렇게 본격적으로 탁구를 해봐야겠다는 결심을 한 후, 우리 가족은 새로운 선택을 했다. 내가 초등학교에 입학하던 그해, 부모님이 치킨집을 닫고 인천 주안으로 이사를 한 것이다. 외삼촌이 운영하는 탁구장에서 1년 정도 본격적으로 훈련을 받기 위해서였다.

나는 곧 "이 아이는 소질이 있다. 탁구를 시켜야 한다"는 평가를 받기 시작했다. 이후 초등학교 2학년이 되자, 탁구부가 있는 인천 도화초등학교로 전학을 갔다. 그것이 나의 첫 정식 탁구 입문이다.

인천의 탁구 신동

지금은 이런 인식이 거의 없지만 당시만 해도 초등학교 2학년이 운동부에 들어가는 건 이른 감이 있었다. 어떤 종목이든 대부분 3학년 겨울방학이나 4학년은 되어야 운동을 시작했는데, 나는 이미 7살 때부터 라켓을 잡고 있었다. 1학년 때는 탁구장에서 매일 훈련을 했고, 2학년도 되기 전에 학교 탁구부 입단 테스트를 받았다. 그러다 보니 6학년 형들 사이에서도 '잘 친다'는 이야기를 들었다.

하지만 초등학교 2학년이었던 나는 서너 살이 더 많은 형들에 비해 키가 너무 작았다. 테스트를 볼 때도 발판 위에 올라가 탁구를 쳤으니 얼마나 작았을지. 나이도 어리고 키도 작다는 핸디캡이 있었지만, 테스트를 거친 후 나는 정식으로 탁구부에 들어갈 수 있었다.

당시 탁구부에는 4학년과 6학년 형들이 있었는데 그들 사이에서 나만 2학년이었다. 초등학교에서는 두세 살이라도 차이가 큰데 형들 사이에서 어떻게 버텼을까. 지금 생각해 보니 뭘 잘 모르던 아이였기에, 탁구부에 들어갔으니 그저 시키는 대로 열심히 했던 것 같다.

그리고 당시 나이도 실력도 차이가 큰 형들과 지내봤던 경험이, 이후 내 선수 생활에 큰 도움이 된 것으로 보인다. 매일 함께 뛰는 훈련 상대가 나보다 체격도 좋고 실력도 앞서니, 빠르게 성장할 수 있었을 것이다.

그렇게 1년간 훈련 위주의 선수 생활을 한 뒤 3학년이 되자 인천시가 주관하는 대회에 출전할 기회가 생겼다. 물론 6학년 형들과 경쟁하는 것은 무리였지만, 5학년 형들은 충분히 위협할 수 있었다. 그러면서 본격적으로 두각을 드러내기 시작했다. 당시 어떤 점 때문에 '잘한다'라는 평가를 받았는지는 기억나지 않는다. 그때의 내 모습을 볼 수 없으니 지금의 내가 평가하기도 어렵다. 하지만 "소질이 있다. 재능이 있다"라는 말은 많이 들었던 것으로 기억한다.

그러자 어느 순간부터 '인천의 탁구 신동'이라는 별명이 붙었다. 인천시 대회에 나간 후부터 탁구계에 내 이름이 알려지기 시작했다. 소문을 들은 유남규 선수가 직접 와서 나와 함께 탁구를 쳐줄 정도였다. 이 경험은 당연하게도 엄청난 동기 부여가 되었고, 그렇게 점점 더 탁구 선수로서의 꿈을 키워갔다.

큰 세상으로의 첫발
처음 출전한 전국대회가 안겨준 것

4학년이 되자, 인생 처음으로 전국대회에 나가게 됐다. 이 대회는 나에게 여러모로 새로운 경험을 선사했다. 당시에는 이른 시기였던 2학년 때 탁구부에 들어갔고, 동년배 선수가 없던 나는 어쩔 수 없이 두 학년 위 선배들과 매일 훈련했다. 나와 복식 파트너였던 김남진 선수는 같은 학교 선배였는데, 함께 호흡을 맞추면서 내 실력도 빠르게 늘어갔다. 그러다 보니 시 대회에 나가면 또래 선수들은 쉽게 이길 수 있었다.

그러자 점점 전국대회에 나갈 날을 손꼽아 기다렸던 것으로 기억한다. 지금은 1학년부부터 3학년부가 모두 있지만, 당시에는 저학년에게 전국대회 출전 자격이 없었다. 4학년부터 전국대회 출전이 가능해서 3학년 때까지는 시 대회 위주로 경험을 쌓는 게 다였다.

드디어 4학년이 되고, 손꼽아 기다리던 첫 전국대회는 회장기였다. 그 대회는 전국의 많은 선수들에게 이슈가 됐는데, 이유가 따로 있었다. 8강에 진출한 선수들에게 일본 오사카에서 개최되는 '동아시아호프스' 대회의 출전 자격을 부여했기 때문이다. 동아시아호프스 대회는 동아시아 국가들끼리 초등학생 때부터 활발하게 교류를 하자는 취지에서 창설된 대회였다.

전국대회는 첫 출전이었지만 나는 이미 인천에서 실력을 인정받고 있었기 때문에 무난하게 8강 안에 들 것이라 생각했다. 예상대로 조별 예선을 치르는 동안 6학년 선수들을 연이어 이기며 본선에 진출했다.

그런데 뜻밖의 사건이 벌어졌다. 주최 측에서 난데없이 '이 대회에는 5~6학년만 참여할 수 있다'라는 규정을 들이민 것이다. 처음에는 무슨 말인가 싶었다. 대회는 시작되었고 나는 이미 조별 예선을 통과해 16강 대진표까지 완성되었는데, 이제 와서 출전 자격이 없다니, 어처구니가 없었다. 아버지는 강하게 항의하셨다.

"실력이 있으면 나갈 수 있는 거 아닙니까?"

아버지의 항의는 생각보다 강력했고, 돌발 사태에 당시 초등연맹은 긴급 이사회를 열었다. 하지만 5~6학년만 출전할 수 있다는 사전 안내가 없었고, 이미 예선을 모두 치르고 올라온 터라 나는 별문제 없을 거라고 생각했다.

그런데 결과는 실격패. 나는 16강에서 실격패 처리를 당했다. 아무런 잘못도 저지르지 않았는데 실격 처리된 것이다. 아버지는 엄청나게 화를 내셨고, 4학년밖에 안 된 어린이였지만 나 역시 받아들이기 어려웠다. 하지만 내가 할 수 있는 건 없었다. 결국 처음 출전한 전국대회에서 끝까지 뛰어볼 기회조차 얻지 못하고 집으로 돌아왔다. 이때가 내 인생에서의 처음이자 마지막 실격패다.

지금은 원로가 되신 초등연맹 회장님도 그 사건을 또렷이 기억하고 계셨다.

"그때 너희 아버지가 와서 엄청 항의했었지."

지금 생각해 보면 당시 초등연맹의 입장을 이해할 수 있는 여지가 없는 것은 아니지만, 당시에는 거기까지 생각하기가 어려웠다.

재능의 또 다른 이름

그렇게 실격패라는 결과를 안고 돌아온 몇 달 뒤, 6월에 열린 두 번째 전국대회에서는 완전히 다른 상황이 펼쳐졌다. 대한탁구협회에서 주최하는 전국 종별선수권 대회였는데, 회장기 대회 때는 안 된다던 출전이 그 대회에서는 허용되었다. 나는 6학년 선수들과 맞붙으며 올라갔고 결국 개인전 3위를 차지했다.

첫 번째 전국대회였던 회장기 대회는 동계 훈련이 끝난 뒤 처음 열리는 대회라 사람들의 주목을 많이 받기는 했지만, 규모로만 보면 종별선수권 대회가 더 컸다. 초등부만 있는 것이 아니라 중등부, 고등부, 대학부, 일반부까지 모두 포함된 대회였다. 그 정도로 큰 규모의 대회에서 개인전 3위 결과를 내고 나니 회장기 대회에서의 아쉬움은 웬만큼 털어낼 수 있었다.

두 번째 전국대회 이후, 나는 말 그대로 승승장구하기 시작했다. 한 달 뒤 7월 전북 고창에서 학년별 대회가 열렸는데, 요즘으로 치면 교보생명컵과 같은 대회였다. 같은 학년

끼리만 모아서 치르는 대회로 이전 전국대회와는 달리 4학년 선수들과만 경기를 치렀다.

그 대회에서 나는 결승까지 단 한 세트도 내주지 않고, 모든 경기에서 승리했다. 상대에게 10점도 허용하지 않으면서 결승에 올랐고 1위를 차지했다. 이 대회를 계기로 '그 나이대에서 유승민을 이길 적수가 없다'라는 평가가 나오기 시작했는데, 스스로도 내 실력에 조금 더 확신을 갖게 되면서 한결 더 자신 있게 훈련과 경기에 임할 수 있게 됐다.

이후로 나는 참가하는 대회마다 상위권 성적을 냈고, 전국 단위의 대회를 소화하며 점점 더 성장하기 시작했다. 처음 탁구를 시작했을 때도 '재능이 있다'라는 말을 들었지만, 4학년이 되고 각종 대회를 다니면서 '월등히 잘한다'는 평가를 받았다.

"야, 유승민은 피해야 해. 붙으면 안 돼."
여기저기서 이런 말들이 들리기 시작했다. 5~6학년 형들도 나와 경기하는 것을 부담스러워했다. 전국적으로 '탁구 신동'이라는 수식어가 붙기 시작한 것도 그 무렵부터였

두각을 드러낸 4학년 시절

다. 당시 『소년 동아』 같은 언론에서 내 이야기를 다루었고 각종 신문과 방송에서도 나를 조명했다. 그렇게 기대와 관심이 더욱 커져가는 것을 느꼈다.

아마 그때부터였을 것이다. '부담감'과 싸우기 시작했던 때가. 물론 이런 부담감 정도는 이겨내야 한다고 생각했지만, 그때가 고작 4학년이었다. 사람들이 나를 신동이라고 불렀지만, 나는 '내가 과연?'이라고 생각했다. 신동이라면 마이클 조던이나 타이거 우즈, 이창호 정도는 돼야 하는 게 아닐까. 그러면서도 정말 사람들이 말하는 신동이 되려면 무엇을 더 채워야 하는지를 고민했다.

신동이라는 말보다 더 많이 들었던 말은 '재능 있다'였다. 그건 어느 정도는 맞는 말처럼 느껴졌다. 하지만 나는 재능이란, 노력이라는 연료 없이는 앞으로 나아갈 수 없는 자동차 같은 거로 생각했다. 아무리 좋은 차라도 연료가 없으면 그 기능은 할 수 없는 거니까. 그러면서 내가 타고난 재능이 있다면, 그걸 넘어서는 노력이 있어야만 뭔가를 얻을 자격이 있다고 생각했다. 누군가 "신동이다", "재능 있다", "잘한다" 해도 그걸 "아직 부족해, 더 해야 해"라는 뜻으로 받아들이기로 했다.

노력은 기본값이다

외삼촌이 운영하시는 탁구장에서 훈련을 받기로 한 후 우리 가족은 인천 주안으로 이사를 했다. 치킨집에 딸린 단칸방보다는 조금 더 넓고 다락방이 있는 집이었다. 그 집에는 시멘트로 마감한 조그마한 앞마당이 있었는데, 지금도 가끔 그 마당이 생각날 때가 있다. 아마도 그곳에서 어린 시절의 순수함과 열정을 쏟아냈기 때문이 아닐까 싶다.

국가대표 선수 중에 문규민 선배가 있었다. 인천 출신으로는 최초로 국가대표가 된 선배였는데 코치들은 가끔 어린 선수들에게 자극을 주기 위해 유명한 선수의 이야기를 과장해서 들려주곤 했다.
"문규민 선수는 시멘트 바닥이 다 닳도록 풋워크 연습을 그렇게 열심히 했대."
풋워크란 빠르게 스텝을 밟으며 움직이는 연습을 말한다. 좀 더 쉽게 설명하면 복서들이 섀도복싱을 하듯, 탁구선수들은 풋워크를 반복하며 발을 단련한다고 이해하면 된다.

어린 시절 나는 문규민 선배의 이야기를 듣고 '나도 해봐야겠다'라는 생각을 했다. 마침 이사 간 집에 시멘트로 마감한 앞마당이 있어 그곳에서 풋워크 연습을 시작했다.
코치는 동기를 유발할 생각으로 과장해서 이야기한 거겠지만, 그 말을 곧이곧대로 믿은 나는 시멘트 바닥 위에서 열심히 연습했다. 시멘트가 닳을 정도로 연습을 많이 해야 한다고 생각하면서. 하지만 바닥은 멀쩡했고 닳는 건 내 신발뿐이었다. 그래도 그 말을 철석같이 믿고 풋워크 연습을 계속했다.

"너 정말 잘한다."
누가 칭찬을 해줘도 거기서 멈추면 안 된다는 생각뿐, 자동으로 숨 쉬듯이 매일 연습을 했다. 코치들이 해주는 과장 섞인 이야기도 들은 그대로 믿고 연습에 매진했다. 미련해 보일 정도로 순수한 열정을 쏟아부었는데 그런 노력이 쌓이다 보니 시멘트 바닥은 닳지 않았어도 내 실력은 점점 더 탄탄해졌다. 지금 돌아보면 그런 훈련과 마인드의 결과로 4학년 때 5, 6학년과 겨루어 종합 2위라는 성적을 낸 건 아닐까 싶다.

'인천의 탁구 신동'이라는 말은 어린 시절부터 여기저기서 돌았지만 실제 경기에서 증명하기까지는 시간이 필요했다. 나는 4학년이 끝나갈 무렵, 오래 떠돌던 그 말들을 결과로 증명하기 시작했고, 이후에는 학교에서도 나를 보는 시선이 달라졌다. 단순한 '소문'이 아니라, 실제 성과를 낸 선수로 인정받는 느낌이 들었다.

그 상승세를 타고 점점 더 많은 훈련량을 소화했다. 훈련 강도를 올렸지만 크게 버겁지 않았다. 그렇게 1년이 지나 5학년이 되었고 다시 그 대회가 돌아왔다. 실격패를 당했던 첫 전국대회, 회장기 대회가 온 것이다.

1년 사이 분위기는 많이 달라져 있었다. 유승민이 1등 하는 것에 이견이 없다는 말이 공공연히 돌았다. 실제로 예선부터 결승까지 모든 게임을 세트 스코어 2대 0으로 끝내며 우승을 차지했다. 초등부 경기였기 때문에 3세트 중 2세트를 먼저 이기면 승리하는 방식이었다. 이후 종별선수권 대회에서도 우승을 했다. 그때 역시 모든 세트 스코어가 2대 0이었다. 상대 선수 대부분이 10점도 따지 못했다.

그러자 다음 목표는 자연스럽게 국제무대로 향했다. 1년 전에는 시도도 못 해본 동아시아호프스 출전을 위한 최종선발전에 나간 것이다. 그 대회에서도 풀리그를 뛰었다. 총 11명의 선수들 중 상위 5명이 선발되는 방식이었다. 6학년 선수들도 있던 그 경기 역시 모두 2대 0으로 11전 전승을 했다.

그렇게 동아시아호프스 대회 출전 자격을 따냈다. 자신감으로 가득 차 있던 나는 설레는 마음으로 일본으로 건너갔다. 국내에서 압도적인 성적을 내고 있었기에, 자신감이 넘쳤었다.

그런데 국제무대는 달랐다. 중국 선수들이 탁구를 잘한다는 건 알고 있었지만 직접 붙어보니 클래스가 다르다는 말을 실감했다. '이게 세계 무대의 벽이구나'라는 생각이 절로 들었다. 결국 단식 8강에서 중국 선수에게 발목을 잡혀 4강 진출에 실패했고, 단체전 결승에서도 중국에 패했다. 이 경험은 기세등등하게 경기장을 누비던 나에게 많은 생각을 일깨워 줬다.

'세상은 넓다. 내가 신동 소리를 듣는다고 해도 이게 다가 아니야. 더 노력해야 해.'

한국으로 돌아오니 다시 시작하는 마음이 들었다. 좋은 동기 부여를 안고 온 것이다. 훈련에 매진했다. 그러자 5학년 한 해 동안 '회장기 대회, 종별선수권, 동아시아호프스 최종 선발전, 문화체육관광부장관기 대회'에서 우승했고 그 과정에서 단 한 세트도 내주지 않았다. 아마 그 기록은 그 이전에도 이후에도 없었을 것이다.

초등부 탁구 대회 석권

그렇게 압도적인 성적을 내다 보니 내가 대회에 나가면 1등은 정해져 있고 경쟁자들은 모두 2, 3, 4등을 놓고 다투는 분위기였다. 사람들은 나를 천재라고 불렀다. 하지만 나는 알고 있었다. 천재라서 1등을 하는 것이 아니라 누구보다도 많은 노력을 해야 그 자리를 유지할 수 있다는 걸.

이 이야기를 하면 놀라는 사람도, 반신반의하는 사람도 있겠지만 실제로 나는 초등학교 때부터 스스로 새벽 운동을 했다. 누가 시켜서가 아니었다.

"아빠, 나 새벽 6시에 깨워줘"라고 한 뒤 매일 새벽마다 산을 뛰었다.

　5학년 때부터 든 습관은 중학교 때까지 이어졌다. 산에 갈 때마다 활용하는 인터벌 코스가 있었는데 내가 직접 만들었다. 우선 전속력으로 뛰어올랐다가 내려오고, 다시 올라갔다가 내려오는 방식이었다.

　산을 탈 때는 발목에 모래주머니를 찼는데 학교 수업에 들어갈 때도 발목에 항상 2kg짜리 모래주머니를 찼다. 뛸 때도, 훈련할 때도, 내 발목엔 늘 모래주머니가 채워져 있었다. 누가 시켜서, 보고 있어서가 아니라 스스로가 선택한 것이었다.

　그때의 기억 때문인지, 지금도 틈만 나면 새벽에 산을 오른다. 그리고 선수 시절 그 정도로 극성맞게 했으니 지금 내 아이들이 축구 연습을 하는 모습을 보면 당연히 성에 차지 않는다. 나처럼 해도 될까 말까였는데, 편하게 잘 거 다 자고 쉴 거 다 쉬면서 운동하는 모습이 답답해 보일 때도 있다.

　아무리 세월이 지나고 많은 것이 변해도 무언가를 이루기 위해서는 극한의 노력을 해야 한다는 것은 변하지 않는 사실이다. 무엇을 하든 노력은 기본이다. 나는 생각보다 어린 나이에 그걸 깨닫고 절박한 마음으로 운동에 매진했다.

아무리 시대와 환경이 다르다 해도, 어린 초등학생이 그런 마음을 먹기란 쉽지 않을 텐데, 이유가 뭘까? 내가 한 가지 확신할 수 있는 점은, 우리 집이 워낙 가난했다는 것. 그래서 무엇을 하든 나에게는 '성공해야 한다, 돈을 많이 벌어야 한다'라는 생각이 절대적이었다는 것이다.

초등학교 때 아버지는 공장에서 일하셨고, 치킨집을 접은 후 어머니는 안경 파는 일을 하셨다. 그런데 그렇게 어려운 형편에도 부모님은 내 경기 영상을 기록하기 위해 비디오 카메라를 들고 전국을 따라다니셨다.

요즘에야 스마트폰으로 얼마든지 찍지만, 그 시절은 방송용 캠코더가 영상을 남길 수 있는 유일한 장비였다. 그런데 당시 캠코더는 굉장히 고가(高價)의 물품으로, 보통 가정집이라면 엄두도 내지 못하는 장비였다. 하지만 부모님은 큰마음을 먹고 구입하셨고, 없는 살림에도 시합 때마다 테이프를 돌려가며 촬영하셨다. 그 영상들은 지금도 우리 집에 남아 있다. 또 당시 기사들을 모아둔 스크랩북도 그대로 보관 중이다.

어머니는 운동하는 나를 잘 먹이기 위해 어려운 형편에도 최선을 다하셨고, 아버지는 내가 쓰는 라켓의 고무를 더 좋은 것으로 바꿔주려고 직접 뛰어다니셨다.

나중에 들은 이야기인데, 내가 1등을 많이 하다 보니 부모님은 뜻밖의 경제적 부담을 지셨다고 한다. 당시에는 1등을 하는 선수 부모님이 밥을 사는 것이 관례였다고 하는데, 선배들에게도 대접해야 했기에 시대회든 전국대회든 우승을 하고 다니는 아들을 둔 부모님에게는 그것도 만만치 않은 부담이셨다고.

그럼에도 부모님은 늘 나를 든든하게 지원해 주셨고 그 모습을 보며 나 역시 '잘해야 한다'라는 생각만 하게 됐다. 가끔은 강박에 가까운 기분을 느끼기도 했지만, 운동만 보며 앞으로 나갈 수 있는 좋은 동기 부여였다고 생각한다.

첫 번째 성장통

아무리 햇살이 좋아도 모든 꽃이 동시에 필 수는 없다. 꽃마다 가진 색과 향이 다르고 피는 시기도 다르다. 지금 생각해 보면 동아시아호프스 대회가 나와는 그런 인연이 아니었나 싶다. 5학년 때 첫 국제대회에서 아쉬움을 안고 돌아왔던 나는, 1년 뒤 다시 그 무대에 섰다. 그리고 우승을 차지했다. 결승에서 단식은 우리나라 선수와, 단체는 중국과 대결했는데 모두 승리하며 2관왕을 달성한 것이다. 실격패 처리 이후 3년 만의 성과였다.

특히 결승에서는 중국 선수와의 경기에서 이기며 우승을 차지한 터라 그 의미가 더 컸다. 4학년 때는 나이가 안 돼 선발전에서 실격 처리를 당했고, 5학년 때는 국제무대의 높은 벽을 실감하며 준우승에 머물렀던 내가 6학년이 되어 우승하자 어린 나이인데도 가슴 한구석이 뭉클해졌다.

우승 후 돌아오니, 학교에서는 환영 퍼레이드까지 열렸던 기억이 난다. 무엇보다 스스로 자신감이 더 단단해진 느낌이 들었다. 중국을 상대로 이긴 결과가 나에게 새로운 시

1994년 동아시아호프스 대회 개인전, 단체전 2관왕

야를 열어준 것 같았다. 앞으로 무엇이든 할 수 있겠다는 마음이 들었다. 그러자 목표가 조금씩 더 커지기 시작했다. 더 넓은 무대를 향해 꿈을 그리기 시작한 것이다.

그런데 그때는 미처 몰랐던 사실이 있다. 성장기 때는 나이에 맞는 속도를 고려해야 한다는 것을. 나는 늘 몇 걸음 앞서가고 싶어 했다. 이루고 싶은 꿈이 커지는 만큼 더 치열하게 훈련해야 한다고 생각했고, 어디까지가 내 한계인지를 시험하는 날들이 늘어갔다.

그래서였을까? 결국 탈이 나고 말았다. 당시에는 예상치 못한 시련이라고 느꼈지만, 지금의 내가 보자면 어느 정도는 예정된 결과였다.

초등학교 6학년, 한참 성장기에 있는 몸을 너무 혹독하게 쓰다 보니 극심한 성장통이 왔다. 늘 모래주머니를 달고 훈련을 한 탓에 관절에 무리가 갔고 무릎 통증에 시달렸다. 그런데도 나는 이런 통증쯤은 이겨내야 한다고만 생각했다. 당시는 스포츠에서 '과훈련'이라는 개념이 없을 때라 더 그랬다.

하지만 어느 날부터 참을 수 없는 고통이 밀려왔고, 부모님과 찾은 병원에서 청천벽력 같은 소리를 들었다. 완전히 성장하기도 전에 혹사당한 내 무릎은 결국 버텨내지 못하는 상태가 되어 있었다. 대학병원에서는 양쪽 무릎에 깁스를 해야 한다는 진단을 내렸다.

한 달 동안 돌덩이 같은 석고를 다리에 매단 채 아무런 움직임도 할 수 없는 시간을 견뎌야 했다. 깁스를 풀고 나서도 다시 회복하기까지 무려 3개월이란 시간이 필요했다. 매일 한계에 부딪히며 운동을 해오던 어린 선수에게 정신적으로도 육체적으로도 혹독한 시기였다.

그 시간 동안 고대했던 기회도 놓쳐야 했다. 6학년이 끝나갈 무렵 삼성에서 후원하는 '우수 선수 초청 대회'가 열렸는데, 그 대회에서는 1등을 하면 장학금을 수여했다. 그해 열렸던 모든 전국대회에 출전했고 매번 1등을 했었는데, 무릎 부상으로 그 대회만 불참해야 했다. 너무나 아쉬웠다.

이후 재활 훈련을 거쳐 복귀했지만, 통증이 가라앉지 않았다. 당시 무릎 아래가 돌출되는 증상이 있었는데, 급성장기에 나타나는 '오스굿-슐라터' 병이었다. 심각한 병은 아니지만 운동을 계속해야 하는 청소년에게는 감당하기 어려운 통증을 동반하는 경우가 많은 병이다. 당시에는 그저 빨리 낫기를 바랐고, 운동을 하지 못하는 날들이 늘어갈수록 해야 할 일을 계속 미루고 있다는 생각에 조바심까지 생겼다.

하지만 성장기 청소년이었던 나는 재활하는 데 더 오랜 시간이 필요했다. 회복 속도가 성인과는 다르기 때문이었다. 다 자란 성인의 경우 일주일간 운동을 쉬어도 금방 회복할 수 있지만, 어린 선수들은 하루를 쉬면 감각을 되찾는데 이틀이 걸린다. 근육이 완전한 상태가 아니기 때문이다. 탁구를 시작한 이후 첫 번째 성장통을 그렇게 겪었다.

요란했던 시기를 지나고, 중학교에 진학했다. 한 차례 홍역을 치렀지만, 재활이 잘돼 자연스럽게 훈련량을 늘렸고 동계 훈련 때는 새벽 운동까지 포함하면서 하루 10시간 이상을 훈련에 매진했다. 새벽 1시간, 오전 3시간, 오후 4시간, 야간 2시간 이렇게 훈련을 했는데 모든 일정이 끝나고 나면 밤 10시가 훌쩍 넘었다. 당시 훈련 일지를 보면 연습한 내용만 하루 한 페이지를 가득 메울 정도였다.

그 시기에는 늘어난 훈련량과 함께 새로운 목표가 주어졌다. 초등학교 시절 전국대회를 휩쓸며, '탁구 신동'이라는 명성을 얻은 터라 탁구계에서는 나를 모르는 사람이 없었다. 그때 즈음에는 모두가 '유승민이 언제 국가대표가 될 것인가'라는 질문을 던지고 있었다. 그만큼 기대가 컸고, 나도 기대에 부응해야 한다는 강박을 늘 가슴에 품고 있었다.

중학교 1학년, 태릉선수촌으로 들어가다

그러던 중 3월이 왔고 첫 대회가 열렸다. 학년별이 아니라 중학교 1학년부터 3학년까지 전 학년이 겨루는 경기였다. 그동안 열심히 준비했기에 자신은 있었지만, 막상 경기를 해보니 이전과는 확실히 달랐다. 불과 몇 달 전인 초등학교 6학년 때만 해도 중학교 형들과 스파링 연습을 하면 이길 수 있을 것 같았는데, 직접 중학생이 되어 경기를 해보니 공의 무게부터가 달랐다. 상대의 힘도 전혀 다른 무게감으로 다가왔다. 적응하는 데 시간이 필요했다. 결국 첫 대회에서 3위를 기록하는 데 그쳤다.

3개월 후, 6월에 열린 '종별선수권 대회'와 '문화체육관광부장관기 대회'가 되자 나는 적응을 완료했다. 두 대회에서 모두 1위를 차지하며 다시 실력을 증명했다. 이때는 우승이라는 결과도 기뻤지만, 무엇보다 국가대표 상비군 선발전에 참가할 자격을 얻게 된 것이 가장 좋았다.

선발전은 세 번에 걸쳐 진행되었는데 1차 선발전에서는 국군체육부대 소속 선수들까지 포함되어 강한 경쟁자들과 붙어야 했다. 쉽지 않을 거로 생각했는데, 나는 조 1위로 1차 선발전을 통과했다. 가능성은 확실히 입증한 셈이었다.

이후 2차 선발전도 통과하자 대한탁구협회에서 나를 주목하기 시작했다. 그때가 중학교 1학년, 14살이었다. 2차 선발전까지 통과하니 시선이 안 갈 수가 없었을 것이다. 나는 최종 선발전에서는 탈락했는데, 대한탁구협회에서 2차 선발전까지 내 경기를 본 후 '이 선수는 키워야 한다'라는 판단을 내렸다. 결국 국가대표는 아니지만 상비군으로 선발이 되었고, 나는 14살의 나이에 태릉선수촌에서 훈련을 시작했다.

태릉선수촌. 지금은 진천선수촌으로 바뀌었지만 당시 운동선수라면 누구나 들어가 보고 싶은 꿈이자 목표인 곳이었다. 중학교 1학년 선수가 태릉선수촌에 들어갔으니 관심도 집중되었고 나 역시 긴장을 많이 했다.

얼얼한 마음으로 입촌했는데, 당시 내가 가장 어린 선수였고, 최고참인 유남규 선배는 나보다 14살이나 많았다. 그런데 긴장한 것에 비해 막상 들어가 보니 형들은 어린 나를 귀여워해 줬다. 잘 챙겨줘서 생각보다 금방 적응할 수 있었

유남규 선배와 함께

다. 워낙 나이 차이가 많이 나다 보니 오히려 다른 부담 없이 훈련에만 집중할 수 있었던 것 같다.

그렇게 대한민국 최고의 선수들이 있는 곳에서 훈련을 시작했다. 학교라는 울타리 안에서는 나를 뛰어넘는 선수를 보기가 어려웠지만 태릉선수촌은 레벨 자체가 다른 곳이었다. 훈련을 하며 매일 매순간 실력 차이를 절감했다.

하지만 어차피 나는 이제 막 중학교 1학년이었다. 실력을 비교하기보다, 내가 배울 것 흡수할 것이 무엇인지만 생각했다. 어린 나를 잘 받아주며 훈련을 해준 형들 덕분에 기가 죽거나 좌절하기보다는 많은 것을 배울 수 있었다. 그렇게 한두 달 훈련을 마치고 중학교로 돌아가면, 국내에서는 더 이상 적수가 없었다. 일찍부터 태릉선수촌을 경험한 덕분에 국내 대회에서는 어떤 상대를 만나도 어려움이 없었다.

그러다 보니 중학교 2학년부터는 국제대회에서 성적을 내는 것에 집중했다. 국내 대회는 내가 참가하지 않는 편이 오히려 동기들에게 더 큰 경쟁 요소로 작용할 정도였다. 부모님은 그 시기의 모든 기록을 꼼꼼히 남겨두셨다. 당시 『월간 탁구』가 1993년에 창간되었는데, 부모님은 내 기록이 담긴 잡지를 모두 모아두셨다. 지금도 그 기록을 보면 내가 얼마나 치열하게 살아왔는지 고스란히 느낄 수 있다.

그렇게 차곡차곡 쌓인 시간 덕분에 나는 빠른 속도로 성장할 수 있었다. 돌아보면 상비군으로서의 합류는 '나'라는 씨앗이 좋은 땅을 만나 마침내 싹을 틔운 순간과도 같았다. 그렇게 태릉선수촌이라는 비옥한 땅에서 나는 무럭무럭 자라기 시작했다.

열다섯, 그리고 태극마크

중학교 1학년때 국가대표 상비군으로 태릉선수촌에 들어갔던 나는, 2년 뒤 정식으로 태극마크를 달게 된다. 1997년, 만 14세 8개월이 되던 때 맨체스터 세계탁구선수권 대회에서 국가대표로 발탁된 것이다. 당시 기준으로는 최연소 국가대표였다.

신예 선수의 경우 경험을 쌓기 위해 먼저 개인전에 출전하는 경우가 많다. 나도 국가대표로서의 첫 대회에서는 개인전에만 참가했다. 예선을 통과해 128강에 진출했는데, 128강에서는 아쉽게도 유고슬라비아 출신의 선수에게 패했다.

태극마크를 달고 나라를 대표해 다른 국가의 성인 선수들과 맞붙어야 했지만, 큰 두려움이나 긴장감 없이 경기를 치렀다. 처음이라고 특별한 생각을 하기보다, 국제대회에서 성인 선수들과 어깨를 나란히 하며 경기했다는 사실 자체에 의미를 두었다.

빠르게 탈락하기는 했지만 생각보다 벽이 크게 느껴지

태릉선수촌 훈련 모습

지는 않았고, 오히려 내 기량이 세계 무대에서도 통할 것 같다는 사실을 확인했다. 유망주 육성이 중요한 이유가 여기에 있다. 기회를 조금 더 앞당겨서 주는 것만으로도 성장의 타이밍을 바꿔놓을 수 있는 것이다.

그런데 성적과 관계없이 그 대회를 떠올리면 생각나는

에피소드가 있다. 최연소 국가대표로 발탁되어 국제대회에 나가게 되었으니 어느 때보다 설레는 마음으로 영국으로 향했다. 하지만 개최지에 도착하자 현실적인 난감함과 마주해야 했다. 바로 방 배정이었다.

국가대표 선수단은 보통 2인 1실로 배정되는데, 나는 그 대회 한국선수단장이었던 탁구 원로 이재화 단장과 같은 방을 쓰게 되었다. 문을 열고 들어가 보니, 더블 침대가 하나 놓여져 있었다. 그때 감독님은 60대 중반의 연륜 있는 지도자셨는데, 나는 만으로 15세도 되지 않은 선수였다. 어쩌겠는가, 아무 말도 하지 못하고 그냥 주어진 환경을 받아들였다.

그런데 불편한 점이 한둘이 아니었다. 밤이 되면 감독님은 안경을 내리고 책을 읽다가 주무셨고, 내가 조용히 불을 끄면 새벽 4시쯤 작은 소리와 함께 깨어나셨다. 잠이 많지 않으셔서 이른 새벽에 TV를 켜곤 하셨다. 난 매일 선잠을 잔 상태로 뒤척이다 피곤한 몸으로 하루를 시작해야 했다. 대회에 집중해야 하는데, 피로가 점점 쌓여갔다. 결국 견디다 못해 나와 같이 온 고등학생 형들의 방에 가서 바닥에서 자기도 했다.

요즘은 선수들도 1인 1실을 배정받고 컨디션을 최적화할 수 있는 환경이지만, 그때는 그러지 못했다. 그런 일주일을 보내며 나는 나만의 방식으로 첫 국제무대에 적응해 가기 시작했다. 점점 생존 방식을 터득하고 대회에서 결과를 보여주기 시작한 것이다.

세계선수권 대회 예선에서 전 경기 승리를 거두었는데, 그와 별개로 번외 이벤트 대회가 있었다. 그런데 거기서 중국 선수를 이기고 내가 1등을 한 것이다. 그러자 국제대회에 참가한 세계의 많은 사람들이 나를 주목하기 시작했다. 중학생이 세계적인 선수들과 경쟁할 수 있다는 가능성을 보여줬다는 평가가 들려왔다.

무엇보다 그 대회 이후, 세계 랭킹이 단숨에 61위로 뛰어올랐다. 이 기록은 나에게 '세계 최초로 100위 안에 든 중학생 선수'라는 타이틀을 안겨주었다. 본격적인 국가대표 생활이 시작된 것도 이때부터였다. 그 후 고등학교 3학년 때까지 국내 대회는 거의 나가지 않았고 국제대회와 합숙 훈련에 집중하며 더 큰 목표를 세웠다.

여기서 만족할 수 없다

국제대회 이후 대내외의 관심은 더욱 집중되었다. 스스로를 더욱 다잡아야 했다. 소문을 소문으로 끝낼 수는 없었다. 내가 그 자리에 설 자격이 있다는 걸 증명해야 했기에, 잠시도 느슨해질 수 없었다. 그러면서 이 과정을 버티는 것도 훈련의 일부라는 생각을 하기 시작했다.

국가대표가 된 만큼 훈련의 질은 이전과는 차원이 달랐다. 학교에서 또래 선수들과 훈련을 할 때는 10시간을 해도 버틸 수 있었는데, 선수촌에 들어간 후에는 5~6시간만 훈련해도 몸이 지쳐버렸다. 성인 선수들의 속도와 강도에 맞춰야 했기 때문에 15세 선수에게는 몸의 피로도가 완전히 다르게 다가왔다.

더 깊고 빠르게 코스를 공략하는 성인 선수들을 상대로 매일 긴 시간 공을 받아내는 것이 힘겨웠다. 탁구공이 무겁게 느껴졌다. 처음에는 적응이 안 돼 마치 휴대폰 배터리가 방전되듯 다운된 적이 한두 번이 아니었다.

러닝도 마찬가지. 학교에서는 내가 늘 1등이었는데, 국가대표 훈련에서는 꼴찌였다. 단거리, 장거리 구분할 것도 없이 성인 선수들을 따라가려면 몇 배는 더 힘을 써야 했다. 그러다 보니 처음에는 그 낯선 리듬과 속도를 내 몸이 쉽게 따라주지 않았다.

공부에 비교해 보면, 어린 학생이 몇 단계를 뛰어 넘어 월반을 한 것이다. 1~2살 차이의 또래에서는 늘 최상위권을 유지하고 남다르다는 평가를 받았지만, 뇌의 발달 정도와 신체적인 체력 그리고 경험치가 다른 사람들과 동일 선상에서 매일 경쟁을 하는 상황이라고 하면 조금은 이해할 수 있을까?

거기다 달라진 환경은 내게 운동 외에도 신경 써야 할 것들이 많다는 걸 알려줬다.

가장 어린 선수의 신분으로 선수촌에 있어 보니 운동선수에게 훈련만이 전부가 아니었다. 아침에 제일 먼저 나와 탁구대를 닦아야 했고, 여기저기 흐트러진 곳 정리도 해야 했다. 훈련 일지를 써서 검사를 받고, 형들의 간식을 챙겨서 나르는 일도 내 몫이었다. 감독님들이 시키는 잡일도 많았다.

　이 모든 걸 상비군으로 합류했을 때부터 하다 보니, 이 과정을 견뎌내는 것 자체가 나에게는 훈련의 연장이었다.

올림픽을 그렇게 갈망하고 목표로 삼아 달려왔지만, 막상 대표팀에 선발이 되고 훈련을 시작하자 나는 약간 놀랐다. 올림픽 준비는 그전까지 경험했던 어떤 대회와도 달랐다. 올림픽을 준비한다는 건 내가 가진 기술을 연마해서 최고의 상태로 올리는 것만을 뜻하는 게 아니었다. 육체적으로 정신적으로 한계에 닿는 매일매일을 나 자신과 싸워 이겨나가는 과정이었다. 선수촌의 분위기도 생소할 만큼 긴장감이 감돌았다.

그런데 모두가 극한의 시간을 보내면서도 올림픽이 다가올수록 이상하게도 열기는 더욱 달아올랐다. 큰 대회의 분위기라는 게 이런 건가 싶은 생각이 들었다. 또 대회 100일 전부터 선수촌에는 방송 기자들이 오가며 취재 경쟁을 벌였는데, 그런 분위기를 온몸으로 감지하며 올림픽이 얼마나 큰 의미를 갖는지 실감할 수 있었다.

첫 올림픽 준비 과정을 떠올리면 기억나는 재미있는 에피소드가 있다. 아침에 훈련장에 가면 책상 위에 격려금 봉투가 놓여 있었다. 기업 회장들이 방문해 선수들에게 격려금을 전달해 준 것이다. 요즘은 계좌 이체를 하지만 그때는 봉투에 현금을 담아서 주었다.

'탁탁탁' 봉투 놓이는 소리가 들릴 정도로 두툼했는데, 조심스레 열어보니 안에 든 금액은 50만 원이었다. 당시 고3이었던 나에게 50만 원은 어마어마하게 큰 금액! 그걸 보니 '와, 올림픽 할만하다!'라는 생각이 절로 들었다.

그 시절 선수촌에서 지급되는 하루 훈련비는 5천 원이었는데, 한 달을 꼬박 채워 훈련하면 12만 5천 원이 통장에 들어왔다.(이후 하루 1만 원으로 인상되었다) 그런 시절이었으니 격려금 50만 원은 커도 너무 큰 금액이 아닌가! 두근거리는 마음을 누르며 봉투를 챙겨 왔지만, 아이러니한 건 정작 어디에 써야 할지 아무 생각이 나지 않았다는 거다. 학생 신분의 선수에게 훈련 외에는 다른 생각을 할 여유조차 없던 시기였으니까.

쓰라렸던 첫 올림픽의 기억

자신이 세운 큰 목표 중 한 가지만 이루어도 누구든 굉장히 기쁘고 뿌듯할 것이다. 특히 오랜 시간 간절히 바라던 꿈을 현실로 마주한다면 자신도 모르게 벅찬 감격을 느낄 수도 있다. 그런데 결실을 맺는 그 순간이, 오래도록 해왔던 노력만큼이나 아니 그 이상 힘들고 어려울 때가 있다. 내 첫 번째 올림픽이었던 2000 시드니 올림픽이 그랬다.

올림픽 출전은 분명 나에게 커다란 영광이었지만 동시에 엄청난 부담감을 안겨주기도 했다. 언론은 '탁구 신동'이자 '최연소 국가대표'라며 연일 기사를 내보냈고 나는 나대로 기대에 부응하고 싶은 마음이 간절했다.

그런데 앞서 언급했듯, 올림픽은 그동안 경험했던 대회와는 완전히 다른 무대였다. 선수촌을 휘감는 공기의 흐름부터 달랐고, 익숙하다고 생각했던 경기장 분위기도 낯설

시드니 올림픽 출전 직전, 대표팀

게 느껴졌다. 상상도 못 한 압박감이 밀려왔다.

2000 시드니 올림픽을 앞둔 당시 올림픽에서 탁구 종목은 남·여 개인 단식과 개인 복식으로 총 4종목이 있었다. 이후 2008년에 종목이 개편되며 남·여 개인 단식과 단체전으로 바뀌었고, 2020 도쿄 올림픽부터 남녀가 같이 한 조로 경기하는 혼합 복식이 추가되어 현재는 총 5개의 금메달이 걸려 있다.

2000 시드니 올림픽에서 우리는 개인 복식 동메달 이상의 성적을 목표로 했다. 그리고 4강까지 진출을 했다. 그런데 올라가는 과정이 쉽지 않았다. 다른 국제대회에서는 그동안의 훈련량과 경험으로 대부분을 극복할 수 있었는데, 올림픽은 달랐다. 긴장되는 마음을 누르며, 다른 대회와 다를 바 없다고 생각하고 나섰지만, 막상 무대에 오르니 내가 전혀 모르는 세계가 펼쳐졌다.

숨이 찰 만큼 거대한 압박감이 몸을 옥죄었고 그러다 보니 경기가 진행될수록 플레이가 나오지 않았다. '이건 내 전

매특허다'라고 자신했던 기술마저 실패율이 50%를 넘었다. 평소였다면 확실하게 득점으로 이어지는 기술도 먹히지 않았다.

당시 복식 경기에서는 파트너가 공을 넘기면 내가 마무리하는 것이 정석이었다. 상대도 파트너도 내가 결정타를 칠 것이라고 믿었다. 그런데 그게 되지 않은 것이다. 그동안 '99%의 성공률'에 달했던 기술이 계속해서 빗나갔다.

더 기가 막힌 것은 왜 그런지 이유조차 알 수가 없다는 것. 시간이 지날수록 초조함이 엄습했지만 그럼에도 파트너가 잘 받쳐준 덕분에 어찌어찌 4강까지 올라갈 수 있었다.

일반적인 경기에서 나는 내가 지고 있더라도, 내 플레이가 제대로 나온다면 불안감을 느끼지 않는다. 그런데 이때는 이기고 올라가는 중에도 내 플레이가 나오지 않으니 불안했다.

'4강 가서는 어떡하지?'

준결승 상대는 중국이었다. 우려했던 대로 졌지만, 솔직히 중국을 상대로 지는 것은 예상할 수 있었다. 문제는 3·4위 전이었다. 상대는 프랑스. 누가 봐도 우리가 더 유리한 경기였고 당연히 이겨야 하는 경기였다. 하지만 결과는 프랑스의 승리. 올림픽 메달이 바로 눈앞에 있었는데, 놓치고 말았다.

복식 전에 있었던 단식 경기에서 나는 32강에서 탈락했다. 그런데 단체전과는 달리 혼자서 싸우는 경기였기에 별로 상처받지 않았다. 하지만 복식은 달랐다. 당시 이철승 선배라고 10년 차 선배가 있었는데, 복식으로 아시안게임 금메달 두 개와 올림픽 동메달 한 개를 딴 선수였다. 한마디로 복식에 일가견이 있는, 우리나라의 복식 1인자였다. 그런 든든한 선배와 함께 방을 쓰며 호흡을 맞춰왔고 올림픽을 준비했는데 그 선배에게 메달을 안겨주지 못했다.

죄책감이 밀려왔다. 자존심도 무너졌다. 지금 돌아보면 어린 나이였지만, 당시에는 그런 생각조차 하지 못했다. 초등학교 시절부터 전국대회를 다니며 받았던 평가, 그 속에서도 스스로를 다잡아가며 힘들게 뛰어온 시간들이 자꾸만 떠올랐다. 견디기가 어려웠다.

올림픽이 끝나자 슬럼프가 밀려왔다. 어떻게든 이겨보

려고 애를 썼지만, 상황은 나아지지 않았다. 한 번도 하지 않았던 생각이 들었다.

"나 죽으러 가니까 찾지 마세요."

아버지께 이 말을 남기고 버스를 타고 동해안으로 향했다.

경포대 해변에 도착해 멍하니 앉아 있었다. 광활한 바다를 보며 깊은 생각에 빠져들었다. 한참을 앉아 온갖 생각의 물결에서 헤엄친 끝에, 이 한 문장이 떠올랐다.

'내가 여기서 멈춰야 할 이유가 있나?'

패배는 쓰라렸지만 나는 아직 목표를 이루지 못한 상태였다.

생각이 정리되니 마음이 차분해졌다.

'이것도 경험이다. 실패를 받아들이자. 그리고 이미 지난 일이다. 일어서서 한 걸음 더 가보자.'

다시 탁구대 앞으로 갔다.

불가능을 가능으로 만드는 태도

아테네 올림픽은 2004년에 열렸다. 하지만 나의 두 번째 올림픽은 2002 부산 아시안게임 때부터 시작됐다. 시드니 올림픽에서의 실패를 만회하기 위해 절치부심하며 준비한 나의 1차 목표는 아시안게임이었다.

부산에서 내가 출전한 종목은 혼합 복식, 남자 복식 그리고 단체전이었다. 당시에는 개인전에 출전할 수 있는 선수가 제한되어 있었고 오상은, 김택수 선배가 나보다 국내 랭킹이 앞서 있었기 때문에 단식에는 두 선배가 출전했다.

2002 부산 아시안게임에서 우리에게 전략적으로 가장 중요한 종목은 남자 복식이었다. 나는 시드니 올림픽 때도 함께했던 이철승 선배와 다시 한번 합을 맞추게 됐다. 복식에서 워낙 탁월한 실력을 갖춘 선수였기에 더욱 절치부심하며 준비했고, 이번에는 반드시 홈그라운드에서 좋은 성적을 내겠다고 다짐했다.

매일 아침 6시에 일어나 새벽 운동으로 하루를 열었고, 8시간 이상의 강도 높은 훈련을 반복하면서도 멈추지 않았다. 매일 이어진 극한의 훈련량과 강도를 견뎌냈다.

그중에서도 가장 강도가 센 건 볼박스 훈련이었다. 1,000~2,000개의 탁구공을 바구니에 담아 쉴 새 없이 쳐주면, 나는 빠르게 받아치며 반응 속도를 높이는 훈련이었다. 왼쪽, 오른쪽, 앞뒤로 계속해서 움직이며 공을 치는 이 훈련은 지구력과 반응 속도를 극한까지 끌어 올린다.

아무리 체력이 좋은 선수라고 해도 1시간 동안 반복하면 팔이 올라가지 않는다. 다리가 후들거리는 건 당연한 거고. 이 훈련을 나는 매일 반복했다.

그런데 이 훈련을 할 때마다 다시 한번 느꼈다. 체력이 고갈되고 집중력이 흐려지는 마지막 그 순간이, 진짜 훈련이 시작되는 지점이라는 걸. 그 고비를 넘겨야 버틸 수 있는 체력이 생기고 자신감도 붙는 것이다. 정신력도 함께 성장하는 순간이다. 그런 생각이 들면서 이게 바로 시드니에서의 경험이 알려준 건 아닐까, 라고 생각했다.

그럼에도 마지막이 너무 힘들다 싶으면 감독님이 다른 선수들을 불러 모았다. 그리고 모두가 나를 둘러싸고 외쳤다.

"파이팅! 가자!"

가령 마지막 10개 남은 공을 쳐야 한다면 "10개! 9개! 8개 …… 마지막 하나." 이렇게 외치며 파이팅을 해주는 것이다. 이때 성공하지 못하면 다시 처음으로 돌아가는 것이 규칙이었다. 그야말로 극한의 한계를 뛰어넘어야 했다. 이때 마지막 공을 넘긴다는 것은 단순히 기술을 갈고 닦는 것을 넘어, 정신력과 체력의 싸움에서 승리한다는 것을 의미했다.

이런 훈련을 매일 소화하는 것이 처음에는 불가능해 보였다. 몸이 따라줄 것 같지도 않았고 도저히 해낼 수 없을 것 같았다. 하지만 굳게 마음을 먹고 처음으로 그 한계를 뛰어넘었을 때의 성취감과 자신감은 이루 말할 수 없이 짜릿했다. 내 한계를 뛰어넘으며 매일 성장하고 있다는 것을 온몸으로 체감할 수 있었다.

나는 가장 어린 선수였기 때문에 그만큼 더 많은 훈련을 소화해야 했다. 젊다는 이유로 더 많은 볼을 쳐내고 더 오랜 시간 동안 훈련을 받았다. 하지만 그때도 알고 있었다. 이런 과정을 거쳐야만 진짜 실력이 만들어진다는 걸. 그렇게 나를 포함한 모두가 매일 자신을 한계까지 몰아붙이며 아시안게임 준비를 해나갔다.

시간이 흘러 어느덧 부산 아시안게임을 3주 앞둔 시점이 다가왔다. 우리는 울산으로 향했다. 공식 명칭이 2002 부산 아시안게임이라 부산에서 모든 경기가 이뤄졌을 거로 생각할 수 있지만, 탁구는 경기 장소가 울산이었다. 우리는 대회 전에 미리 울산에 도착해 적응 훈련을 진행했다. 숙소는 지금은 사라진 울산 코리아나 호텔이었는데, 호텔에서 훈련장인 동천체육관까지 선수단 버스로 약 5km 거리였다.

훈련이 끝나면 나는 버스에 타지 않고 혼자서 숙소까지 뛰어갔다. 훈련장에 갈 때는 정해진 시간을 맞춰야 하기 때문에 버스를 탔지만, 훈련을 마친 후에는 혼자 5km를 달렸다. 시합이 시작되기 전까지 2주간 그렇게 했는데 마지막까지 몸을 단련하고 싶었기 때문이었다.

나 같은 유형의 선수는 발이 빨라야 하고 체력적으로 지치면 제 실력이 나오지 않는다. 상대를 이기기 위해서는 끊임없는 훈련밖에 없다는 것을 나는 잘 알고 있었다.

이때 스스로를 그렇게까지 혹독하게 몰아붙이고 결심을

단단하게 했던 이유는 단 하나였다.

'시드니 올림픽에서의 아쉬움을 씻어내고 싶다.'

2년 전처럼 단체전에서 내 실수로 패하거나 복식이나 혼합 복식에서 파트너에게 피해를 줄 수도 있다는 생각에 상당한 압박감에 시달리기도 했다. 그럴 때마다 그 부담을 떨쳐내기 위해 선택한 방법은 더 많은 훈련이었다.

대회가 일주일 앞으로 다가왔다. 그때부터는 훈련 방식을 변경했다. 이전까지 해왔던 극한의 체력 훈련보다는 컨디션을 회복하면서도 집중력을 극대화할 수 있는 쪽으로 바꾼 것이다. 큰 대회를 앞두고는 모든 선수가 무리하지 않되 경기 감각을 유지하는 것이 중요해진다. 나 역시 무리하지 않는 범위 내에서 마지막 순간까지 최고의 컨디션을 만들기 위해 준비했고, 아시안게임을 향한 마지막 단계를 밟아 나갔다.

비장했지만 웃프게 끝난 삭발 사건

지금 생각해도 참 비장한 마음으로 대회를 준비하던 시절이었는데, 그 와중에 웃픈(?) 에피소드가 있었다. 2002 부산 아시안게임을 일주일 앞뒀을 때다. 마침 추석 기간이어서 오전 훈련이 없었다. 짧게 주어진 휴식 시간에 나는 한 가지 결심을 했다. 삭발을 하기로.

몸은 완벽하게 준비됐고 이제 남은 것은 투지뿐인데 이를 악물고 싸울 준비가 됐다는 것을 나 자신에게 그리고 팀에게도 보여주고 싶었다. 삭발이 좋은 방법 같았다. 그런데 추석 연휴 기간이라 문을 연 미용실이 있을까 싶었다. 한참 발품을 팔며 다니다 보니, 한 군데 문을 연 곳이 보였다.

미용실 문을 여는 그 순간에도 '추석날, 누가 삭발을 하러 올까? 아마 미쳤다고 하겠지?'라는 생각을 했다. 그러면서도 의자에 앉아 결연한 표정을 지었다. 바리깡 소리가 나고 밀린 머리카락이 바닥에 떨어졌을 때 거울에 비친 내 모습을 보았다. 그런데 이럴 수가, 예상과는 전혀 달랐다. 밤톨 같은 깔끔한 삭발을 기대했지만 현실은 정수리가 새하얗게 드러나 있는 모습. 미용사가 바리깡의 날을 빼고 너무 과감하게 밀어 0.1mm만 남겨진 상태였다. 옆통수부터 밀었다면 중간에 멈출 수도 있었겠지만 정수리부터 밀기 시작했으니 어쩔 수가 없었다. 순간 '이건 아닌데' 싶었지만 후회해도 이미 엎질러진 물이었다.

흉하게 밀린 머리를 한 채 호텔로 돌아오니 이철승 형이 커튼을 닫아놓고 쉬고 있었다.
"어디 갔다 왔어?"
"머리 자르고 왔어요."
형이 일어나 내 쪽을 보더니 눈이 휘둥그레지며 외쳤다.
"어? 뭐야! 왜 그래?"
"삭발했는데 이렇게 됐어요."
그때 형이 보였던 반응이 아직도 기억이 난다. 확실히 예상보다 훨씬 심한 삭발이었다.
그 상태로 오후 훈련 시간에 체육관에 나가자마자 난리가 났다. 누나, 형들이 다가와 머리를 보더니 깜짝 놀랐다.
"야, 그게 뭐냐?"
"너무 심한 거 아니야?"
모두 입을 모아 말했다.

당시 삭발 사건은 내 나름대로는 각오를 단단히 다진다는 의미로 감행한 것이지만 예상치 못한 비주얼 충격도 함께 가져오면서 웃픈 사건으로 남았다.

승부는 한 경기로 결정되지 않는다

부산 아시안게임 첫 출전 종목은 혼합 복식이었다. 홈그라운드에서 펼쳐지는 경기인 만큼 팬들의 응원 열기도 대단했다. '블루 웨이브'라는 이름의 응원단이 체육관을 가득 메웠고, 대한민국 선수들을 열렬히 응원해 줬다. 그리고 그 속에서 나는 날아다녔다. 삭발 덕분에 머리가 가벼워져서 더 그랬던 것 같기도 하다.

내 혼합 복식 파트너는 당대 최고 선수 중 한 명인 류지혜 선수였다. 지혜 누나와 나는 같은 삼성 소속이었지만, 혼합 복식에서 호흡을 맞춘 것은 그때가 처음이었다. 그래도 팀워크는 완벽했고 우리는 8강까지 순조롭게 승리를 거두며 4강에 안착했다.

4강에서 만난 상대는 세계 최강 중국이었다. 당시에는 각 나라당 두 팀씩 출전할 수 있었고 중국이 내보낸 두 팀 모두 세계 랭킹 1, 2위로만 구성된 강팀이었다. 그중에서도 우리는 1위 팀과 4강에서 붙었는데, 결과는 세트 스코어 4-2로 우리의 승리였다. 우리가 중국을 꺾자 체육관은 흥분으로 들끓었다. 홈에서 중국을 이겼다는 사실 자체가 엄청난 사건이었다.

중국은 특히 혼합 복식에서 이기기가 어렵다. 남자 선수뿐만 아니라 여자 선수도 적극적인 공격이 가능하도록 훈련을 시키기 때문이다. 중국은 세계 최강의 여자 선수층을 보유하고 있고 남녀 선수 간의 조화를 체계적인 훈련 시스템을 통해 완벽하게 조율한다. 그런 만큼 혼합 복식에서도 압도적인 경기력을 보여주기 때문에 중국처럼 강한 팀을 만났을 때는 상대의 전략을 완벽히 파악하고 빈틈없이 대응해야 한다.

2024 파리 올림픽에서는 신유빈과 임종훈 선수가 혼합 복식에서 동메달을 따냈다. 현재는 올림픽에서 한 나라당

한 조만 출전할 수 있어 중국을 피하면 결승까지 진출할 가능성이 높다. 설사 중간에 중국과 맞붙더라도 지금은 한 팀만 상대하면 되므로 변수가 많아질 수 있다.

하지만 2002 부산 아시안게임 때는 중국이 두 팀이나 출전했고 우리는 그중 첫 번째 팀을 꺾었다. 그리고 결승에서 두 번째 팀과 맞붙을 것이라 전망했다.

그런데 예상과는 달리 홍콩팀이 중국팀을 꺾고 결승에 올라왔다. 당시 홍콩팀이 중국계 선수들로 구성되어 있긴 했지만 그래도 중국 선수들이 탈락하고 홍콩팀이 올라왔다는 것에 우리는 고무됐다.

'금메달이다!'

주변에서는 지금이 금메달을 딸 절호의 찬스라며 엄청나게 기대했다. 그 응원에 힘입어 우리는 자신감을 가졌다. 무엇보다 컨디션이 너무 좋았다. 나는 그 대회에서 금메달을 딸 경우 군 면제 혜택이 주어졌기 때문에 개인적으로도 더 집중할 수밖에 없었다. 이겨야 하는 이유와 모든 조건이 완벽하게 맞아 떨어진 경기였다.

마침내 결승전이 시작됐다. 우리는 경기 초반부터 상대를 압도했다. 세트 스코어 3-0. 총 7세트 경기에서 4세트를 먼저 따면 승리하는 방식이니 3-0으로 앞섰다는 것은 사실상 90% 이상 승리를 확정 지은 것이나 다름없었다. 홍콩팀이 우리를 이기려면 4세트를 연달아 가져가야 했다.

그런데 다음 세트에서 3-1이 되었다. 거기까지는 괜찮았다. 혼합 복식은 경기 특성상 한 세트를 잃어도 다음 세트에서는 흐름을 유리하게 가져갈 수 있다. 그러나 3-2가 되면서 분위기가 묘하게 변했다. 기대에 부풀었던 관객들 사이에 점점 긴장감이 흘렀고 나 역시 몸이 점점 경직되는 것이 느껴졌다.

6세트에서는 극도의 접전이 펼쳐졌다. 듀스에 듀스가 이어졌다. 탁구는 한 세트에서 11점을 먼저 따내는 선수가 승자가 되는데, 만약 10-10이 되면 듀스에 돌입하게 되고 이때부터는 한쪽이 두 점 차로 앞서야 승리할 수 있는 상황이된다. 그런데 6세트에서 이 듀스가 반복된 것이다. 10-10, 11-11, 12-12. 점수가 계속 엎치락뒤치락했다. 결국 13-15로 세트를 내주면서 세트 스코어 3-3이 되었다.

마지막 7세트. 모든 것이 그 한 세트에 달려 있었다. 반드시 이길 거라고 다짐했지만 우리는 이미 흐름을 빼앗긴 상태였다. 긴장감이 극에 달했다. 발바닥에 땀이 차는 것이 느껴졌다. 결국 마지막 세트까지 내주며 결과는 3-4로 패배. 믿을 수가 없었다. 여기저기서 탄식이 흘러나왔다. 나와 지혜 누나는 패닉 상태였고, 지도자들도 마찬가지였다. 금메달이 눈에 보이는 듯했는데 내 손에는 은메달이 들어와 있었다. 충격은 상상 이상이었다.

그날 저녁, 정신이 없는 와중에 감독님이 호출을 하셨다. 당시 수장은 강문수 감독님이었는데, 밥을 먹으러 가자고 나를 불러내신 거였다. 그리고 앉은 자리에서 글라스에 소주를 담아 내미셨다.
"이거 마셔. 마시고 털어내야 해."
이러지 않으면 앞으로의 일정에 지장이 있을 거라고 하셨다.
다음 날 바로 개인 복식 예선을 치러야 했는데 예선부터 8강전까지 하루 만에 치러야 하는 일정이었다. 감독님은 이런 상황에서는 아무 생각하지 말고 푹 자는 게 답이라고 하셨다. 대회 중에 술은 근처도 가본 적이 없었기에 당황스러웠다. 지금 돌아보니 어린 선수가 정신적으로 너무 큰 충격을 받은 모습이 안타까우셨던 감독님께서 극약 처방을 내리신 게 아니었을까 싶다.

한 잔, 두 잔, 세 잔.
연거푸 마셨더니 취기가 오르는 듯했다. 그런데 이상하게 정신은 또렷했다. 경기의 여운이 가시지 않아서인지 도무지 잠도 오지 않았다. 어떻게하든 자려고 침대에 누웠지만 술 냄새가 올라와 뒤척이다 새벽이 되어서야 겨우 눈을 붙였다.

다음 날 남자 복식 예선이 시작됐다. 보통 예선전은 몽골 같은 약체 팀과 붙는 경우가 많아 큰 부담은 없었다. 무난히 경기를 치르며 8강까지 올라갔다. 하지만 몸은 여전히 무겁고 피곤했다.

8강전을 치른 후, 전날 잠을 설친 탓에 피로가 엄습했다. 그런데 그것이 전화위복이 되었는지, 4강전 전날 밤에는 오랜만에 깊은 숙면을 취할 수 있었다. 긴장과 압박감 속에서 며칠 동안 푹 자지 못했는데 이틀 치 잠을 몰아서 잔 것 같은 깊은 수면이었다.

 패배의 아쉬움은 여전히 남아 있었지만, 남은 경기가 한참이었다. 뼈아프긴 하지만 한 경기가 끝났다고 모든 것이 끝난 것은 아니었다. 강문수 감독님이 말씀하셨던 원 모어 정신을 다시금 생각했다. 한 걸음 더 나아가야 할 때였다.

끝까지 버티는 힘

 운동이 아닌 다른 분야도 마찬가지겠지만, 승부의 세계에서 가장 중요한 것은 넘어졌을 때 다시 일어나는 힘이라고 생각한다. 말로는 쉽다. 누구나 생각할 수 있다. 그런데 기나긴 과정을 버텨내고 위기의 순간까지 잘 넘긴 채 이제 막 고지를 눈앞에 둔 상황에서 갑자기 툭 넘어지자, 저 쉽고 간단한 생각은 전혀 떠오르지 않았다.

 선수 생활을 하면서 가장 견디기 힘들었던 순간은 다 잡은 승리를 놓쳤을 때였다. 절호의 찬스라고 생각했다가 눈앞에서 기회가 사라지는 것을 볼 때면, 충격은 상상 이상이었다. 그런데 이때 어떻게 대처하는지에 따라 선수로서 크게 성장하는가 아닌가가 판가름이 나기도 한다.

그 상황을 이겨내지 못하고 멘탈이 무너져 버리면, 그 다음부터는 몸도 따라주지 않고 경기 흐름도 끊기게 된다. 패배의 충격이 아무리 크다고 해도, 마지막까지 절대 무너지지 않고 집중하는 힘을 길러야 진짜 승자가 될 수 있다. 2002 부산 아시안게임에서 내가 배운 것이 바로 그거였다.

남자 복식 8강전을 치르고 4강에 올랐을 때 다시 중국팀을 만났다. 중국 두 팀 중 한 조는 우리와, 다른 한 팀은 오상은, 김택수 조와 경기를 치렀다. 그런데 이때 한국팀이 중국팀을 모두 이기는 결과가 나왔다. 엄청난 이슈가 된 경기였다. 결국 결승에는 한국팀 두 팀이 올랐고, 체육관은 환호성으로 가득 찼다. 이미 금메달과 은메달을 획득한 상황이니 그날 저녁은 축제와 같았다.

국가로 봤을 때는 이미 1위와 2위가 확정된 상황에서 조금은 긴장감이 덜할 수도 있었겠지만, 선수들은 달랐다. 국제대회의 메달 색깔이 달라지는 상황, 남은 한 경기도 최선을 다해 끝까지 승부를 보자는 분위기가 형성됐다.

오상은, 김택수 조와 연습 경기를 할 때면 전력상 우리가 10전 10패였다. 그런데 이날, 실전에서는 달랐다. 결승전은 세트 스코어 3-3까지 가는 접전이 이어졌고, 끝내 마지막 세트에 돌입했다. 우리가 먼저 3-0으로 앞서갔다. 그러다 4-3까지 끌려갔고, 다시 8-4로 리드하며 흐름을 탔다. 그러다 8-8이 됐는데, 그때부터 공포심이 밀려왔다.

'이렇게 또 무너지는 건가?'

8-8, 8-9, 9-9, 10-9, 10-10, 11-10······.

우리가 점수를 내면 상대 팀 역시 바짝 추격하며 살얼음판과 같은 승부를 펼쳤다.

마침내 마지막 랠리. 오상은 선배가 서브를 넣었고 우리는 침착하게 리시브를 이어갔다. 공이 상대 코트로 넘어가며 긴장감이 최고조에 달하는 순간, 김택수 선배의 리턴이 네트를 넘어가지 못하면서 스코어가 13-11이 되었다. 그렇게 승부가 났다.

"와!!!"

체육관이 폭발할 정도의 거대한 함성이 터져 나왔고, 나는 눈물을 쏟았다. 시드니 올림픽에서의 실패, 혼합 복식에

남자 복식 금메달 수상 후

서의 아쉬운 은메달 등 지난 몇 년간 쌓여 있던 감정이 한꺼번에 몰아쳤다.

이철승 선배와 부둥켜안고 펑펑 울었다. 선배는 이미 여러 차례 금메달을 딴 베테랑 선수였지만 내가 아이처럼 엉엉 우는 모습을 보고 결국 함께 울고 말았다. 그때 선배가 나를 안아주면서 우는 모습은 지금도 사진으로 남아 있다.

관람석에서 지켜보시던 아버지와 어머니도 눈물을 보이셨다. 아들에게 그리고 부모님에게 얼마나 간절했던 금메달이었는지 지금 생각해도 뭉클하다. 무엇보다 끝까지 포기하지 않았기 때문에 얻을 수 있었던 값진 결과라는 것이 큰 울림을 줬다.

하지만 세상이 다 우리의 마음 같지는 않은 법. 금메달을 따고 난 후 일각에서는 '유승민 군대 빼주려고 봐줬을 것이다'라는 말이 나왔다. 4명 중 나를 제외한 3명은 모두 군 문제를 해결한 상태였기 때문이다. 오상은 선배는 상무 소속으로 전역을 앞두고 있었고 이철승 선배와 김택수 선배는 모두 올림픽에서 메달을 따며 군 면제를 받은 상태였다.

이에 대해 나와 팀이 어떤 말을 하기보다, 스코어를 보면 알 수 있다. 양 팀 모두 절대 양보할 수 없는 승부를 펼쳤다는 것이 숫자만으로도 보인다.

이후 나는 인생의 새로운 장을 맞이했다. 만 20세, 처음으로 출전한 아시안게임에서 금메달 하나, 은메달 두 개를 땄고 군 면제라는 현실적인 목표도 달성했다. 동시에 어떤 순간에도 흔들리지 않는 자신감도 얻을 수 있었다.

이때는 사실 운이 따른 덕도 컸다. 홈그라운드에서 열린 대회였기에 최고의 컨디션을 유지할 수 있었고, 탁구에 있어서 만큼은 세계 최강인 중국팀을 꺾어 결승에서 한국팀끼리 맞붙는 놀라운 상황도 만들어졌다. 그렇게 경험한 아시안게임은 이후 나의 선수 생활에 큰 영향을 미쳤다.

그 전에 올림픽이라는 큰 무대를 경험하긴 했지만, 아시안게임에서는 금메달이 눈앞에서 왔다 갔다 하는 상황이었다. 더욱 타이트한 승부를 펼쳐야 했다. 그러면서 극한의 긴장 속에서도 집중할 수 있는 방법을 배웠다. 실전에서 경험으로 얻은 이 배움의 크기는 상상 이상이었다. 또 중국과 맞붙어 승리를 거두면서 얻은 자신감도 이전과는 차원이 달랐다.

선수 생활을 하며 총 네 번의 올림픽에 출전했지만, 나는 어디를 가든 2002 부산 아시안게임 이야기를 빼놓지 않는다. 그 대회에서 거둔 성과가 있었기 때문에 지금의 내가 있다고 늘 강조한다. 2002년은 나에게 정말 특별한 해였고 울산이라는 도시는 언제든 달려가고 싶은 '추억의 도시'가 됐다.

그렇게 2002 아시안게임 이후 나는 '간판 선수' 대열에 올라섰고, 나를 보는 언론의 시선도 달라졌다. 아시안게임 금메달리스트라는 타이틀이 붙자, 내 이름 뒤에는 '올림픽'이라는 수식어가 줄곧 따라다니기 시작했다. 언론은 세대 교체를 이야기했고 나는 언제나 가장 먼저 '간판 선수'로 언급되었다.

이제 다음 목표는 올림픽이라는 프레임이 자연스럽게 만들어졌다. 인터뷰와 취재 요청도 봇물 터지듯 쏟아졌다. 그 모든 경험을 차곡차곡 쌓으며 2004 아테네 올림픽을 준비했다. 새로운 목표, 새로운 도전이 시작되고 있었다.

강력한 상대를 만나다

2003년 6월, 훈련소에 입소해 4주간 기초군사 훈련을 받은 후, 2004 아테네 올림픽 준비에 돌입했다. 당시 내 세계 랭킹은 15~20위권이었는데 현실적으로 올림픽에서 유리한 시드를 배정받기에는 부족했다. 특히 단식과 복식에 모두 출전하려면 세계 랭킹은 더 높아야 했다. 내 눈앞에 놓인 숙제는 세계 랭킹을 끌어 올리는 것이었다.

올림픽은 각 나라에서 최고 수준의 선수들이 모여 실력을 겨루는 만큼 공정하고 체계적인 출전 시스템이 갖춰져 있다. 우선 각 나라의 최상위 랭커 2명은 자동으로 출전권을 얻는다. 이는 개인 단식에 출전하려면 국내 랭킹 2위 안에는 꼭 들어야 한다는 뜻이다.

그리고 세계 랭킹 4위까지는 4강 전에 서로 만나지 않도록 시드를 배정하는데, 이것을 반대로 보면 세계 랭킹이 4위 밖일 경우 초반에 강한 상대를 만나 어려운 경기를 할 수도 있다는 걸 의미한다. 그러니 세계 랭킹 4위는 양보할 수 없는 순위였다.

이런 상황을 인식하고 여러 대회를 치르던 중 기회가 왔다. 2004년 5월, 이집트 오픈에서 우승을 차지했는데, 곧이어 7월 US 오픈에서도 단식에서 우승을 했다. 뭐든지 처음이 가장 어렵고 그다음부터는 나아진다고, 성인 국제대회에서 우승을 해본 후로는 탄력을 받아 상승세를 이어갈 수 있었다. 그리고 그 두 번의 승리 이후 세계 랭킹이 3위까지 뛰어올랐다.

그 무렵 같이 경쟁하던 김택수 선배는 선수에서 지도자로 전환했는데, 아테네 올림픽 국가대표팀 코치를 맡게 되어 그때부터는 사제지간이 되었다. 내 기준에서는 새로운 전환점을 맞이한 거였다. 동시에 더욱 혹독한 훈련이 시작된 시기이기도 했다.

김택수 선배는 아시안게임 때와는 비교도 되지 않을 정도의 훈련량을 소화하게 했다. 이유는 하나였다. 중국의 왕하오를 꺾기 위해. 당시 왕하오는 '이면타법'이라는 기술을 사용했는데 그것도 중국 스타일로 완성시킨 선수였다.

왕하오의 이면타법은 굉장히 강하고도 위협적인 기술이었다. 탁구에는 기본적으로 펜홀더(Penholder)와 셰이크 핸드(Shake hand)라는 두 가지 그립 방식이 있다. 나는 그중 '펜홀더' 방식을 사용했는데, 펜홀더의 특징은 라켓의 한 면만을 사용하는 것이다. 그래서 공이 라켓을 쥔 손 반대 방향으로 날아왔을 때 이를 강하게 되받아치는 백핸드 공격을 하려면 팔과 손목을 비틀고 팔꿈치를 더 들어야 하는 불편함이 있다.

반면에 '셰이크 핸드'는 라켓의 양면을 자유롭게 사용하기 때문에 백핸드 공격 시 손목과 팔꿈치가 훨씬 편하다. 즉 펜홀더 방식은 백핸드 공격의 안전성이 떨어지는 반면,

코치가 된 김택수 선배

셰이크 핸드는 더 강한 백핸드 공격을 구사할 수 있다.

　탁구 경기에서는 백핸드로 넘어오는 볼이 까다롭기 때문에 효과적으로 상대를 공격하려면 백핸드를 잘 쓰는 것이 유리하다. 그래서 펜홀더보다 셰이크 핸드 방식을 쓰는 선수들이 더 많다.

　왕하오가 완성시킨 이면타법은 펜홀더와 셰이크 핸드의 장점을 혼합해 중국 스타일로 승화시킨 것이다. 펜홀더 방식은 백핸드가 힘들다는 약점이 있긴 하지만 강력한 포핸드를 바탕으로 공격적인 플레이가 장점이다. 셰이크 핸드는 포핸드와 백핸드를 모두 수월하게 구사할 수 있어 자유롭게 공격을 이어갈 수 있다는 것이 최대 장점이다.

왕하오는 두 그립 방식의 강점을 결합해 포핸드의 강력한 공격력을 유지하면서도 백핸드 공격력까지 강화할 수 있는 이면타법을 완성했다. 특히 왕하오가 완성한 중국식 이면타법은 상대의 빈틈을 파고드는 데 최적화되어 있었다.

사실 왕하오 선수를 처음 만났을 때는 그렇게 위협적인 상대가 아니었다. 고등학교 2학년이었던 1999년, 인도에서 열린 주니어 아시아선수권 대회에 참가했을 때 그를 두 번 꺾은 경험이 있었다. 당시 나는 개인 복식과 단식에서 1위를 차지했고 단체전에서 준우승을 했다. 그때도 왕하오는 이면타법을 사용하고 있었지만, 기술이 완성된 상태는 아니어서 이면타법의 장점을 거의 활용하지 못하고 있었다. 한마디로 장식용 이면타법인 시절이었다. 그런데 불과 1~2년 후, 성인 무대에서 만난 그는 더 이상 예전의 선수가 아니었다.

어느덧 올림픽을 목전에 둔 2004년 5월, 코리아 오픈에서 나는 그 선수와 다시 마주하게 됐다. 남자 단식 준결승에서 만나 치열하게 경기를 펼쳤지만 세트 스코어 2-4로 졌다. 나는 이집트 오픈 2관왕을 하면서 한참 기세가 좋을 때였지만, 왕하오를 상대하기에는 역부족이었다.

   2003년부터 2004년까지 1년 반 동안 그에게 6연패를 당했다. 그때의 왕하오는 예선부터 결승까지 모든 경기를 압도하며, 나를 포함해 누구도 대응할 수가 없었다.

   코리아 오픈이 끝나자 중국은 전략 차원에서 6월 이후부터 올림픽 직전까지는 국제대회에 선수들을 출전시키지 않았다. 자신들의 기량을 철저히 숨긴 채 6~7월 두 달 동안 훈련에만 집중한 것이다.

   반면 아테네에 입성할 당시의 나는 이집트와 US 오픈에 이어 브라질 오픈을 돌고 심지어 칠레까지 원정을 다니며 세계 랭킹 3위까지 도달한 상태였다. 국내 선발전에서도 2위 안에 들어 단식 출전권까지 확보했다. 당시 세계 랭킹 1위는 왕리친, 2위는 마린, 왕하오는 대회에 참가하지 않아 4위였다. 즉, 나를 제외한 나머지 1, 2, 4위가 모두 중국 선수였다.

그런 상황이다 보니 김택수 코치는 강도 높은 훈련을 밀어붙였다. 내가 어디까지 버틸 수 있나 한계를 테스트하는 듯한 훈련 강도였다. 나 역시 상황을 잘 알고 있었기에 군말 없이 그 모든 훈련들을 소화해 냈다.

그런데 올림픽을 불과 2주 남겨놓은 어느 날, 몸에서 이상 신호가 감지되었다. 심상치가 않았다. 그동안의 경험으로 이럴 때는 쉬어야 한다는 생각이 들었지만, 올림픽이 눈앞이었다. 몸은 자동으로 훈련장으로 향했다.

'조금 쉴까? 아니야. 2주밖에 안 남았는데 쉴 수는 없어. 무조건 해야 해.'

그렇게 스스로를 다그치며 훈련을 이어갔다.

그러던 어느 날 아침, 워밍업을 하는데 갑자기 허리에 통증이 왔다.

"왜 그래?"

"허리가 이상해요. 방금 삐끗한 것 같아요."

"그래? 빨리 병원 가봐!"

서둘러 병원으로 달려갔지만 이미 늦은 상태였다. 그날부터 양말도 신지 못할 정도로 상태가 악화됐다. 도저히 허리를 숙일 수가 없었다. 걷는 것조차 힘들었다. 결국 출국을

2주 남짓 남겨놓고 병원 신세를 져야 했다.

위기가 가르쳐 준 것

선수들은 보통 대회 1주일 전이 되면 마인드 컨트롤을 하며 컨디션을 조절한다. 하지만 나는 올림픽이라는 큰 무대를 앞두고 그 기간 동안 병원 순례를 했다. 안 가본 병원이 없었다. 유명한 정형외과를 모두 찾았고 한의원까지 다니며 침도 맞아보고 심지어 벌침도 맞아봤다. 하지만 상태는 나아지지 않았다.

그런 하루하루를 보내며 내가 할 수 있는 일은 감각을 유지하는 것뿐이었다. 직접 뛰며 운동을 할 수 없으니, 방에서 라켓으로 공을 튀기고 악력기를 쥐며 손으로 할 수 있는 운동을 했다. 손에 감각이 남아 있어야 했다. 지금 돌아보면 내가 너무 욕심을 부려 오버페이스를 한 면도 있었다. 하지만 그만큼 올림픽 금메달이 간절했다.

출국일이 다가오자 운동을 재개하려고 했지만 허리는

반응하지 않았다.

'어떡하지?'

고민이 깊어지고 있을 때 김택수 코치가 말했다.

"내가 선수였을 때보다 네가 더 열심히 했어. 솔직히 내가 시키는 훈련을 어디까지 해낼까 지켜봤는데 다 해내더라. 몸은 이미 훈련이 돼 있으니까 편하게 관리해."

그 말이 어찌나 위안이 되던지 내심 불안했던 마음이 다소 가라앉았다.

그런데도 몸은 여전히 움직이지 않았다. 결국 아무것도 하지 못한 채 2주를 푹 쉬고 출국길에 올랐다. 비행기 안에서도 허리를 풀려고 계속 기내를 왔다 갔다 했고 라켓을 들고 손도 풀었다.

드디어 아테네에 도착했다. 선수촌으로 들어가 자리를 잡으면서도, 첫 공을 치기 전까지 불안감에 시달렸다.

'컨디션이 100%여도 모자를 판에 허리 부상이라니……'

하지만 정작 큰 문제는 나아지고 있는 허리 부상이 아니었다. 바로 트라우마였다.

운동선수에게 부상은 단순히 신체적인 문제에서 끝나지

않는다. 한 번 부상을 당하면 아무리 재활이 잘되어도 '또 다치면 어떡하지?'라는 걱정을 떨쳐버릴 수가 없다. 야구선수가 머리에 공을 맞으면 이후 배팅할 때 저도 모르는 사이 몸이 자연스럽게 뒤로 빠지는 것과 같다.

탁구 선수들 중에는 볼박스 훈련을 하다가 탁구대에 손을 다치는 경우가 왕왕 있는데, 이후 공이 탁구대 가장자리에 왔을 때 반사적으로 몸이 움츠러드는 습관이 생기는 선수도 있다. 나 역시 그런 트라우마가 생겨 있었다. 허리를 숙일 때마다 심장이 뛰었다.

그렇게 회복되지 않은 허리 부상과 트라우마에 대한 걱정을 가지고 아테네 숙소에 짐을 풀었다. 그런데 다음 날 아침, 기적 같은 일이 벌어졌다. 침대에서 일어나는데 거짓말처럼 허리가 멀쩡했다. 믿기지 않을 정도였다. 공을 튕기면서 체크하니 '이 정도면 괜찮다' 싶을 정도로 몸이 가벼웠다. 허리 부상으로 인해 2주 동안 푹 쉬었더니 강도 높은 훈련으로 방전됐던 몸이 완전히 충전된 느낌이었다.

허리 부상이 없었다면 아마도 나는 몸이 아예 고장 날 때까지 쉬지 않았을 것이다. 스스로 멈추지를 못하니, 결국 내 몸이 억지로 쉬게 만들었다는 생각이 들었다. 오버페이스 하지 말라고. 한결 가벼워진 몸으로 나는 아테네에서 다시 탁구대 앞에 섰다.

허리 부상에서 회복되니 경기 감각도 자연스럽게 되살아났다. 몸은 훈련이 돼 있다는 김택수 코치의 말이 맞구나 싶었다. 컨디션도 더할 나위 없이 좋았고 경기도 예상했던 대로 흘러갔다. 순항이란 말이 딱 맞아떨어지는 흐름이었다.

그런데 잘나가던 흐름이 갑자기 복식에서 끊어졌다. 그때도 이철승 선배와 한 팀을 이뤄 8강까지 올라갔는데 상대는 러시아팀이었다. 복병이라고 생각은 했지만 어디까지나 '복병'일 뿐, 우리가 충분히 이길 수 있는 팀이었고 경기 전까지도 당연히 이길 거로 생각했다. 그런데 결과는 예상 밖이었다.

탁구를 하다 보면 경기 흐름이 희한하게 흘러가는 날이

있다. 컨디션이 좋지 않은데도 점수가 수월하게 나오는 날이 있고, 반대로 몸 상태가 완벽한데도 이상하게 점수가 안 나는 날이 있다. 그날은 후자 쪽이었다.

우리가 절대 질 상대가 아니라고 생각했고, 경기도 편안하게 흘러갔다. 러시아팀의 플레이에 압도당한 것도 기술적으로 밀리는 것도 아니었다. 그런데 점수는 계속 상대가 가져갔다. 세트 스코어 2-1로 지고 있는 상황에서도 '결국엔 우리가 이겨'라고 생각했기 때문에 그다지 위기의식도 느끼지 않았다. 질 리가 없다는 생각 때문에 묘한 자신감까지 있었다.

그러다 세트 스코어 3-1이 되었는데 그때까지도 실감이 나지 않았다. 그런데 어느 순간 '설마' 하는 생각이 들다가 결국 패하고 말았다. 뭔가에 홀린 기분이었다. 메달이 유력하다고 예상했던 경기였는데 빈손으로 경기장을 나서야 했다.

다시 생각해도 이해가 되지 않았다. 단순한 실수가 누적된 것도 아니고 결정적인 잘못을 한 것도 없었다.

'우리가 질 이유가 없는데……'

이상한 꿈을 꾸다 갑자기 깨어난 느낌이었다.

하지만 단식 경기가 남아 있었다. 지나간 건 빨리 털고 남은 경기에 집중해야 했다. 이미 끝난 경기 결과를 두고 곱씹고 있을 여유가 없었다.

남자 단식이 시작됐다. 32강부터 경기를 치러야 하는데, 그 32강전에 내가 예전에 패한 적 있는 선수가 올라올 가능성이 있었다. 세계선수권 대회에서 그에게 진 경험이 있어서 왠지 신경이 쓰였다. 그 선수가 올라오면 첫 경기부터 쉽지 않겠구나 싶었다.

그런데 32강을 앞둔 그 전 경기의 대진표를 보니 흥미로웠다. 공교롭게도 그와 맞붙은 선수가 내가 언제 시합을 해도 이길 자신이 있는 선수였다. 둘이 붙으면 누가 이길까? 궁금했는데 일이 잘되려고 그랬는지 내가 자신 있는 선수가 올라왔다. 한결 가벼운 마음으로 경기에 나섰고 4-0으로 완승을 거두며 단식 첫 경기를 성공적으로 마쳤다.

간절함이 만드는 이변의 무대

자리가 사람을 만든다는 말이 있다. 선수에게 올림픽은 자신의 실력을 최대치로 끌어 올려주는 자리다. 16강에서는 대만 선수 치앙펑룽과 맞붙었는데, 평소의 나에게는 크게 어려운 상대는 아니었다. 하지만 경기는 예상보다 팽팽하게 흘러갔다. 역시 올림픽은 한 경기 한 경기가 쉽지 않았다.

올림픽에서 모든 선수들은 평상시보다 훨씬 더 강해진다. 이때는 기술로만 싸우는 것이 아니다. 4년에 한 번 오는 큰 대회 앞에서 절실함이 더해지며, 평상시보다 훨씬 뛰어난 실력을 발휘한다. 도저히 가능할 것 같지 않은 공도 몸을 날려 받아내는 무대가 바로 올림픽인 것이다.

치앙펑룽 선수의 공격은 꽤 매서웠다. 하지만 나 역시 인생이 걸린 순간임을 알았기에 집중력을 잃지 않았다. 결국 4-3으로 경기를 마무리하며 8강에 진출했다.

8강에서는 전혀 예상치 못한 상황이 펼쳐졌다. 16강에서 당시 유럽 랭킹 1위였던 벨라루스의 블라디미르 삼소노프가 경기를 하고 있었는데 그는 철벽같은 선수로 유명했다. 나도 이전에 그를 여러 번 상대했는데 족히 대여섯 번은 패했던 것으로 기억한다. 그래서 삼소노프가 올라올 거라고 예상했는데, 빗나갔다. 홍콩의 렁추안이 삼소노프를 4-2로 꺾고 8강에 올라온 것이다.

  올림픽에서는 모두가 간절하다. 어떤 것도 장담할 수 없다. 능력이 어디까지 올라올 수 있는지는 아무도 모르는 것 같았다. 어떤 상대든 방심해선 안 된다는 마음이 다시 들었다.

  그럼에도 삼소노프를 이기고 올라온 렁추안에게 질 거라는 생각은 하지 않았다. 그 역시 상당히 까다로운 선수였지만 나는 단 한 번도 그에게 패한 적이 없었다. 경기 시작 전부터 결국은 내가 이길 거라고 확신했다.

  하지만 경기가 시작되자마자 세트 스코어 0-2로 끌려가기 시작했다. 갑자기 불안감이 엄습했다. 그동안 렁추안에게 지지는 않았지만, 승부를 하기에는 쉽지 않은 상대였다. 항상 그를 이겼지만 시원하게 이기지는 못했고, 매번 찝찝함이 남았었다.

그 과정을 다시 실감하고 있었다. 지금까지 이겼다고 이번에도 이길 거라는 보장은 없는 거였다. 밀려오는 불안감을 누르면서, 침착하자고 스스로를 다독였다. 차분하게 한 발씩 움직이다 보니 어느새 흐름을 되찾아올 수 있었다. 2-2를 만든 후 결국 4-2로 역전승을 거두며 4강에 진출했다.

올림픽 무대에서 경기 중 몰려오는 불안감과 어려운 상황을 이겨내고 얻은 값진 승리였다. 새로운 자신감이 올라왔다.

전설을 만나다

이후 대진표를 보니 또다시 흥미로운 상황이 펼쳐지고 있었다. 다른 조에 마린이라는 중국 선수가 있었는데 내가 정말 싫어하는 상대였다. 단 한 번도 이겨보지 못했고 앞으로도 이기지 못할 것 같은 선수였다. 그런데 마린의 16강 상대가 스웨덴의 얀-오베 발트너였다. 그는 탁구 역사상 가장 위대한 선수 중 한 명이다. 1992 바르셀로나 올림픽 금메달리스트이자 세계선수권 대회에서 두 번이나 우승한 전설적인 선수로 그를 '탁구 100년 역사상 최고의 천재'라고 평가하는 사람들도 있다.

1992년에 올림픽에서 금메달을 딴 선수가 2004년까지 현역으로 뛰고 있었으니 말 그대로 백전노장이었다. 그 발트너가 16강에서 마린을 4-1로 이겨버렸다. 내가 대만의 치앙펑룽을 4-3으로 간신히 이기고 있을 때 다른 쪽에서는 이런 대이변이 벌어지고 있었던 것이다.

8강에서도 이변은 이어졌다. 유럽 랭킹 1~2위를 오가던 삼소노프와 함께 티모 볼이라는 독일 선수가 출전했는데 당시 그는 삼소노프와 함께 유럽을 대표하는 선수였다. 티모 볼은 삼소노프보다도 더 유명했고 더 오랜 기간 세계 랭킹에서 정상권을 유지했던 선수이기도 했다. 유럽선수권 대회에서도 여러 번 우승한 데다 중국 선수들에게도 여러 차례 승리를 거둔 바 있어 당시 중국 선수들을 제외하면 유일하게 우승 가능성이 거론되던 인물이기도 했다.

티모 볼의 시드는 8번이었는데 만약 내가 그와 같은 시드였다면 8강에서 붙었을 것이고 십중팔구 나의 4강 진출은 훨씬 더 어려워졌을 것이다. 하지만 다행스럽게도 티모 볼은 반대편이었고 나는 마린과 티모 볼 중 한 명이 4강에 오를 거라고 예상했다. 그러면서 내가 아무리 컨디션이 최상이어도 4강에서 그들을 이기는 것은 쉽지 않다고 생각했다.

그런데 여기는 올림픽 무대였다. 가장 예측불허한 대회이고 예상과 다른 일이 벌어질 가능성은 얼마든지 있다. 발트너가 티모 볼을 이길 가능성은 객관적으로 크지 않았다. 티모 볼은 젊고 빠른 데다 공격적인 플레이가 강점인 선수다. 그의 빠른 움직임만으로도 압도당하는 선수들이 있을 정도였다. 그런데도 티모 볼은 올림픽 무대를 경험한 발트너의 관록을 이겨내지 못했다. 결과는 4-1, 발트너의 승리. 발트너는 그동안의 경험으로 평정심을 유지했지만 티모 볼은 '너무 이기고 싶어서' 흔들렸다. 이것이 패인이었다.

지나치게 간절한 마음이 때로는 독이 되기도 한다. 경기 중 티모 볼은 완전히 무너졌고 발트너는 침착했다. 그 모습이 극명하게 대비를 이뤘다. 나는 속으로 감탄하며 '와, 발트너 진짜 잘했다'라고 생각했다.

마침내 4강 대진표가 확정되었다. 나와 발트너, 왕리친과 왕하오 이렇게 4명. 이들 중에서 결승 진출자를 가려야 했다. 한 고비만 더 넘으면 결승전이고, 그다음은 금메달이었다. 부담감이 몰려왔지만, 여기까지 오기 위해 얼마나 애써 왔는지 지나온 시간을 되돌아보며 정신을 가다듬었다. 이제 올림픽 금메달까지 단 두 걸음이 남아 있을 뿐이었다.

하지만 발트너는 전설이었다. 원래부터 노련한 데다 상승세까지 탔으니 그 내공이 어마어마할 것이었다. 경기를 앞두고 전력 분석을 했다. 완벽해 보이지만, 그에게도 약점은 있었다. 바로 나와 한 번도 붙어본 적이 없다는 점.

물론 이는 나에게도 똑같이 적용되는 것이었다. 하지만 나는 '서로를 모르기는 피차 매한가지 아닌가? 그걸 유리하게 이용해 보자'라고 생각했다. 적어도 내 기준에서는 마린이나 티모 볼을 상대하는 것보다는 나았다.

경기가 시작되자, 나는 초반부터 거칠게 밀어붙였다. 기세를 잡기 위해서였다. 통상 올림픽이라는 큰 무대에서 상대와 처음 붙으면 한두 세트는 주고받으며 탐색전을 펼친다. 하지만 나는 그런 여유를 부릴 생각이 없었다. 분석이고 뭐고 처음부터 전력투구로 몰아붙이는 게 답이라고 생각했다.

당연히 쉽지는 않았다. 그는 노련하고 관록 있는 베테랑 선수였고 가히 레전드다운 경기 운영 능력을 보여줬다. 하지만 당혹스러울 정도로 저돌적으로 밀어붙이는 내 공격이 예상 밖의 효과를 발휘했다. 발트너도 분명 당황한 기색이었다. 그의 표정에서 당혹감을 느낀 순간 '됐다'라는 확신이 들었다. 그리고 얼마 지나지 않아 발트너의 플레이가 흔들리기 시작했다. 덕분에 예상보다 수월하게 4-1로 승리했다.

첫 번째 바위를 깨다

결승 진출이 확정됐다. 4년 전 아픔을 딛고 나는 드디어 꿈꿔왔던 그 지점에 다다랐다. 여기저기서 축하 전화가 쏟아졌다. 그런데 대다수가 '결승 진출' 자체를 축하하고 있었다. 내 결승전 상대가 중국이었으니, 누구도 내가 이길 거라고 기대하지는 않는 눈치였다.

오랫동안 꿈꿔 왔던 목표가 있고 그 꿈을 이룰 기회가 눈앞에 왔는데 주변 사람들이 "여기까지 온 것만으로도 대단하다"라고 말하면 어떤 생각이 들까? 사람마다 다르겠지만 나는 '여기가 끝이 아니야'라고 생각했다.

나는 내게도 승산이 있다고 생각했다. 나름대로는 희망을 걸어볼 만한 근거들이 있었기 때문이다.

우선 컨디션이 너무 좋았다. 올림픽이 시작된 후 경기력이 계속 상승세를 탔고 몸 상태도 최상이었다. 까다로웠던 왕하오의 플레이에도 점점 적응하고 있었다. 나는 사실 왕하오보다는 그와 준결승전에서 맞붙었던 왕리친이 올라올 가능성이 더 높다고 생각했다.

왕리친은 당시 4년째 세계 랭킹 1위를 지키고 있었고 중국 역사상 처음으로 세계선수권 대회 3연패를 기록한 엄청난 선수였다. 반면에 왕하오는 올림픽 첫 출전이었다. 경험 면에서도 차이가 났기 때문에 정석대로라면 왕리친이 올라올 가능성이 더 높았다. 하지만 결승에 진출한 선수는 왕하오였다.

결승전 대진표가 아쉽긴 했지만 그렇다고 위축된 건 아니었다. 올림픽 직전, 코리아 오픈에서 나는 왕하오와 붙었고 2-4로 패했다. 예전에는 한 세트도 이기지 못하고 완패했었는데, 그때는 따라붙었다. 한 걸음씩 격차를 좁혀가고 있던 것이다. 이번에야말로 그를 완전히 따라잡을 차례라고 생각했다. 더구나 올림픽 결승전이었다. 당연히 모든 것을 걸어야 했다.

그런데 결승전을 앞두고 예기치 못한 상황이 벌어졌다. 내 탁구 라켓에 문제가 생긴 것이다. 탁구 라켓에는 '러버'라는 고무가 붙어 있는데 러버는 탁구공의 스핀과 컨트롤에 직접적인 영향을 미친다. 쉽게 말해 러버의 상태가 선수들의 경기력에 지대한 영향을 미친다는 뜻이다.

러버는 공을 강하게 칠수록 빠르게 마모되며 특히 라켓의 중앙 부분이 가장 먼저 닳는다. 그래서 선수들은 하루에도 여러 번 러버를 교체한다. 경기 전에는 여러 장을 붙여 테스트를 한 뒤, 마음에 들지 않으면 과감하게 떼어내 버리기도 한다. 나 역시 올림픽 기간 동안 하루에 한 장 이상 러버를 교체했는데 4강전이 끝난 후 문제가 생겼다. 라켓 중앙 부분이 찢어진 것이다. 워낙 강하게 밀어붙이며 플레이를 하다 보니 러버가 공의 스핀을 받아내다 마모되어 버린 것이었다.

문제는 그 라켓에 붙어 있는 러버의 컨디션이 너무 좋았다는 것. 공도 잘 막고 컨트롤도 완벽했다. 하지만 찢어진 러버로 결승전을 치르는 것은 엄청난 리스크였다. 손상된 부분이 점점 더 벌어질 가능성도 컸다. 게다가 일단 경기가 시작되면 라켓이 완전히 부러지지 않는 한 교체는 불가능하다. 즉, 경기 도중 러버가 더 손상돼도 끝까지 가야 했다.

'이걸로 쳐야 하나? 바꿔야 하나?'

2시간 동안 고민한 끝에 결국 감을 믿기로 했다. 러버가 손상되긴 했지만 올림픽 결승전이라는 큰 무대에서 나에게 가장 익숙한 감각을 포기할 수 없었다. 나는 찢어진 러버를 그대로 들고 경기장에 들어섰다.

결승전답게 경기장에는 관중들이 꽉 차 있었다. 관중석

을 가득 메운 이들의 3분의 2가 중국인이었다. 한국인 관중은 0.2% 정도였고, 나머지는 스웨덴 사람들이었다. 당시 스웨덴 관중들이 그곳에 온 이유는 두 가지였다. 발트너가 결승에 오를 것으로 예상해 미리 티켓을 예매했거나 왕리친과의 동메달 결정전을 보러 온 사람들이었다. 그런데 결승전이 시작되자 스웨덴 관중들이 나를 응원하기 시작했다.
"코리아!"
경기장에 유럽식 응원 구호가 가득 찼다. 스웨덴 사람들이 나를 응원한 이유는 '중국 탁구의 독주 체제'를 깰 유일한 희망으로 발트너를 응원하다가 내가 그를 이기자 "그럼, 네가 대신해 줘"라는 심리가 반영된 것 같았다.

경기가 시작됐다. 나는 시작과 동시에 준비한 대로 밀어붙였다. 볼박스 훈련을 하루에 두 시간씩 했던 몸이 자동으로 움직였다. 첫 세트를 11-3으로 따냈다. 왕하오가 당황하는 것이 느껴졌다.
'뭐야? 얘 원래 이렇지 않았는데?'
아마 이런 생각을 했을 것이다.

그런데 2세트가 시작되자 그는 빠르게 내 스타일에 적응했다. 1세트 때 11-3이었던 스코어가 2세트 때는 왕하오가 승리하며 9-11이 되었다. 서로 한 세트씩 내준 셈이었다. 하지만 3세트에서 내가 다시 11-9로 승리했고 4세트도 11-9로 가져왔다. 세트 스코어 3-1. 금메달이 눈앞에서 어른거리고 있었다.

5세트에서도 8-4까지 앞서가고 있었다. 분위기는 완전히 내 쪽으로 넘어온 듯 보였다. 중국 관중들이 술렁이는 것이 고스란히 느껴질 정도였다.

그런데 갑자기 이상한 기류가 감돌았다. 8-5, 8-6, 9-6, 9-7, 9-9……. 왕하오가 점점 따라붙더니 결국 동점이 되었다. 그 순간 경기장 내 공기가 완전히 달라지는 것이 느껴졌다. 그러곤 곧바로 분위기가 반전되었다. 10-10 듀스, 11-11 다시 듀스.

첨예한 대치 상태가 이어지다 결국 왕하오가 연속 2점을 먼저 따내며 11-13으로 5세트를 가져갔다. 세트 스코어 3-2. 순식간에 쫓기는 처지가 되니 조급해지기 시작했다. 이겼다고 확신한 건 아니었지만 승기를 거의 다 잡았다고 생각했는데 중국은 중국이었다.

라켓을 확인해 보니 러버가 더 찢어져 있었다. 앞서가고 있을 때는 까맣게 잊고 있었는데 그때부터는 신경을 긁기 시작했다. 하지만 러버에 신경 쓸 여유가 없었다. 마음을 다 잡았다. '마지막으로 한 번 더 밀어붙이자.'

6세트가 시작되었다. 세트 스코어 3-2 상황에서 8-4까지 앞서 나갔다. 이번 세트를 내주면 7세트는 무조건 진다는 생각이 들었다. 2002 부산 아시안게임에서 홍콩과 복식 결승을 치렀던 그때처럼 될 수는 없었다. 나는 앞서가다가 따라잡히면 흐름을 내주는 타입이라는 걸 스스로 잘 알고 있었다.

다시 9-9 동점이 되었다. 뒤처지다가 쫓아가서 동점이 되는 것은 상관없다. 하지만 앞서가다 따라잡히면 오만 가지 생각이 다 들기 마련이다. 이렇게 흘러가 세트 스코어가 3-3이 되면 관중들은 심장마비가 올지도 몰랐다.

9-9 동점 상태에서 기습적으로 깊숙이 리시브를 넣었

다. 그 순간 왕하오가 당황하면서 리턴 공이 아웃됐고 스코어는 10-9가 되었다. 금메달까지 단 한 포인트만 남은 상황. 평소에 나는 탁구는 한 포인트 싸움이라고 말한다. 그 한 점을 따기 위해 선수들은 수만 개의 공을 친다. 한 포인트가 승패를 가르기 때문이다.

마지막 한 점을 남겨두고 왕하오가 서브를 넣었고 나는 네트를 살짝 넘기며 낮고 짧게 리시브를 했다. 그러자 왕하오가 왼쪽으로 날카롭게 공을 넣었다. 그건 주도권을 잡겠다는 의도였다. 순간 빠르게 반응하며 공을 그의 뒤쪽으로 보냈고 당황한 왕하오는 몸을 돌려 겨우 공을 넘겼다. 그리고 순간적으로 균형을 잃었다.

찬스였다. 그 틈을 놓치지 않고 드라이브로 마지막 공을 꽂아 넣었고 왕하오가 리턴한 공이 네트를 넘지 못하면서 경기가 끝났다. 세트 스코어 4-2. 금메달이었다.

경기가 끝나는 순간, 김택수 코치를 향해 뛰었다. 선배가 펄쩍 뛰며 나를 안았는데 그때는 정신이 없어 모르다가 나중에 확인해 보니 내가 선배를 안고 있었다. 보통은 선수가 코치에게 안기는데 우리는 정반대였다. 아득한 느낌이 들었다. 해냈다는 생각밖에 들지 않았다. 그러다 환호하는 관중들을 보며 이 순간이 현실이라는 것을 실감했다.

결승전을 치르고 라켓을 확인하니 러버가 더 심하게 손상되어 있었다. 지금도 그 라켓을 가지고 있다. 이제는 고무가 삭아서 눌러 붙어버려 떼어낼 수도 없는 상태다. 20년이 넘었는데도 그 라켓을 가지고 있는 이유는 내가 한계를 넘었던 순간을 상기시켜 주기 때문이다.

대다수의 사람들이 어려울 거로 생각했고 실제로 위험했던 고비들도 많았다. 하지만 많은 난관을 극복하고 나는 올림픽 금메달이라는 목표를 달성했다. 깨지지 않을 것 같던 중국이라는 바위도 부쉈다. 그때 깨달았다. 한계란 넘고 나면 거기 있었는지조차 기억나지 않는 선에 불과하다는 것을. 지금도 그 라켓을 볼 때마다 이 생각을 생각한다.

열매는 빨리 익지 않는다

올림픽 기간 동안 치러지는 모든 경기가 다 중요하긴 하지만 하이라이트는 아무래도 결승전 경기다. 그래서 통상적으로 현지 시간 기준, 저녁 황금 시간대에 결승전이 치러진다. 특히 남자 단식은 탁구 경기 중에서도 메인 종목이기 때문에 저녁에 배치되는 것이 일반적이었다. 그런데 아테네 올림픽의 결승전은 오후 1시에 했다.

아무래도 탁구에 워낙 많은 팬을 보유한 중국을 고려한 게 아닐까 생각됐다. 중국 시간으로는 오후 7시, 유럽 기준으로는 오후 1시에 결승전이 진행된 것이다. 그런데 마침 한국과 중국의 시차가 한 시간이다 보니 우리나라에서는 저녁 8시에 결승전이 치러지는 반사 이익을 내가 얻었다. 다른 종목의 결승전들은 대부분 한국 시간으로 새벽에 열렸지만 중국 덕분에 나는 저녁 시간대에 결승전을 치른 것이다. 경기 시간은 총 57분. 그 시간 동안 대한민국은 숨죽이며 결승전을 지켜봤다. 당시 국민들의 관심은 시청률 45%라는 경이로운 수치로 나타났다.

시상식에 올라 금메달을 목에 거니 지난 시간이 스쳐 지나갔다. 나도 모르게 눈시울이 뜨거워졌다. 하지만 그 벅찬 감정을 충분히 느낄 새도 없이 바로 도핑 검사실로 향해야

귀국하는 공항에서 받은 환대

했다. 올림픽에 출전하는 선수라면 누구나 겪는 과정이다.

검사를 마치고 선수촌으로 돌아오니 관리부에서 보내온 축전이 수북하게 쌓여 있었다. 그리고 싸이월드 방문자 수는 갑자기 수십만이 되어 있었다. 그때는 SNS도, 스마트폰도 없던 시절이라 유일한 개인 온라인 공간인 싸이월드에 접속자가 몰렸다.

본격적인 실감은 한국에 돌아와서 느낄 수 있었다. 귀국할 때 유도 금메달리스트인 이원희 형과 함께 들어왔는데 나와 원희 형에게만 경호원이 붙었다. 이후 구단 버스를 타고 이동하는데, 봉고차를 탄 수많은 기자들이 방송 카메라를 들고 쫓아왔다. 그제서야 '올림픽 금메달리스트'가 된 것이 실감이 났다.

나중에 알게 된 건데 결승전 경기가 열리던 그 시각 우리 집에 방송 카메라가 와 있었다. 강화도 일대가 방송국 차량으로 마비가 될 지경이라 경찰차까지 출동했다고 한다. 당시 방송 3사가 전통처럼 지키던 관례가 있었는데 메달 후보 선수의 집에 찾아가 부모님의 반응을 촬영하는 것이었다. 그래서 금메달을 따자마자 부모님께 전화를 했을 때 "지금 전화 못 해! 축하해!"라고 바로 전화를 끊으신 거였다. 나중에 방송을 보니 저녁 9시가 넘는 늦은 시간이었음에도 동네에서 꽹과리가 울리고 모두가 환호하고 있었다. 마치 축제 같은 광경이었다.

나도 당연히 기뻤지만 그동안 내 옆에서 함께 고생해 준 부모님, 동료들, 지도자들이 모두 나만큼 감격하고 있었다.

그 모습을 보며 올림픽 금메달이 단순한 개인의 성취로 한정되는 것이 아니라는 걸 깨달았다. 그건 결코 나 혼자 따낸 것이 아니었다. 함께 기뻐하는 이들을 보며 올림픽이 만들어 내는 가치가 이렇게 높은 것이구나, 라고 실감했다.

금메달의 값어치

올림픽이 열릴 때마다 금메달을 따는 것이 당연하게 여겨지는 종목이 있다. 대표적으로 양궁이 그렇다. 양궁에서 은메달이 나오면 많은 사람들이 '어?' 하고 의아해한다. 하지만 당사자인 양궁 선수는 그 자리까지 가기 위해 손이 부어오르도록 수없이 연습했을 것이다. 아쉽게도 사람들은 그 노력을 너무 쉽게 간과한다. 올림픽을 향해 치열하게 달려봤던 선수 출신으로서 그런 모습을 볼 때면 늘 안타깝다.

반면 탁구에서의 금메달은 완전히 다른 의미를 가진다. 앞에서도 언급했지만 올림픽 결승에 올라갔을 때, 결승전도 치르기 전 나는 수많은 사람들로부터 '축하 전화'를 받았다. 거기에는 묘한 뉘앙스가 담겨 있었다. 금메달을 딸 거란 기대가 아니라 은메달을 확정한 것에 대한 축하였다. '너무 잘했다, 져도 은메달이다'라는 의미가 더 컸다. 그것이 탁구에서 금메달이 가지는 의미였다.

  2004년 이후, 탁구에서는 남녀 단식을 통틀어 중국인 외에 단 한 명도 금메달을 따지 못하고 있다. 즉 내가 마지막 '논 차이니즈(Non-Chinese)' 올림픽 싱글 챔피언이다. 그때부터 2024 파리 올림픽까지, 탁구 전 종목을 통틀어 중국인이 아닌 금메달리스트는 딱 한 명 있었다. 2020 도쿄 올림픽에서 일본팀이 혼합 복식에서 금메달을 따낸 것이 전부였다. 나머지는 모두 중국이 차지했다. 그러다 보니 나의 금메달이 아직도 탁구계에서 상징성을 가진 이야기로 회자되고 있다. 예상된 승리가 아니라, 불가능하다고 여겨지던 것을 가능으로 바꾼 승리였기 때문이다.

  이후 중국은 '유승민 전형'이라고 불리는 내 경기 스타일을 치열하게 연구하기 시작했다. 사실 아테네 올림픽 이전부터 나와 같은 플레이 스타일을 가진 선수를 왕하오의 연습 상대로 데리고 다녔다. 하지만 아테네 올림픽에서 그들의 기대와는 다른 결과가 나왔고 이후 중국 대표팀은 나와 똑같은 플레이 스타일을 구사하는 것도 모자라 나와 동일한 용품을 쓰는 선수를 특별히 지목해 왕하오 전용 훈련 파트너로 지정했다. 그만큼 중국은 지독하다 싶을 정도로 철저하게 분석하고 대비했다.

올림픽 금메달이 값지긴 해도 그렇게까지 할 일이냐고 볼 수도 있겠지만 중국 입장에서 탁구에서 올림픽 금메달을 빼앗긴다는 건 중국 탁구계 시스템 전체를 흔드는 일이다.

"제가 지금은 금메달을 땄지만, 항상 중국을 이길 수는 없습니다. 오늘은 챔피언이지만, 언제나 도전자 입장에서 중국에 맞서겠습니다."

올림픽 금메달을 딴 후, 한 인터뷰에서 나는 이렇게 말했다. 그리고 그 말은 현실이 되었다. 중국은 항상 강했고, 나는 늘 그들을 쫓아야 했다. 올림픽 금메달리스트라는 타이틀을 얻었지만 이후에도 중국 선수와 치르는 경기는 쉽지 않았다.

올림픽 이후 열린 2005 세계선수권 대회에서 나는 많은 기대를 받았지만, 이렇다 할 만한 성적은 내지는 못했다. 2006년 시즌도 마찬가지였다. 그나마 세계선수권 단체전에서 2위를 차지한 것이 가장 두드러진 성적이었다.

그럼에도 불구하고 세계 랭킹 10위권은 계속 유지하고 있었다. 그건 내게 아주 중요한 의미였다. 중국이 세계 탁구계를 독점하고 있는 중에서 나는 여전히 상위권을 지켜내고 있던 것이었다.

그리고 2007년, 자그레브에서 열린 세계탁구선수권 대회 단식에서 3위를 차지했고, 이후 같은 해 바르셀로나에서 열린 탁구 월드컵에서 선수 생활을 통틀어 가장 큰 전환점이 되는 경기를 치렀다. 16강에서 왕리친을 이긴 것이다. 그리고 여세를 몰아 8강에서는 마린을 꺾었다. 그동안 단 한 번도 이겨보지 못했던 마린을 처음으로 꺾은 순간을 나는 지금도 생생히 기억한다. 금메달만큼이나 희열을 느꼈던 순간이다.

그렇게 좋은 기세로 결승전으로 향했지만, 결국 왕하오에게 패했다. 당시 그는 세계 랭킹 1위 자리를 사수하고 있었고 그 외 수많은 중국 선수들이 내가 어디를 가든 앞길을 가로막고 있었다.

경기가 끝난 후, 외신과 인터뷰를 하면서 말했다.
"결국 왕하오의 실력이 더 앞서 있었습니다."
그 말은 현실을 냉정하게 직시했기 때문에 나올 수 있는 말이었다. 나는 최선을 다했지만, 그날의 승자는 왕하오였다. 그때부터 언론은 나를 향해 이렇게 말했다.
'유승민의 시대는 저물었다.'
'슬럼프다, 이제는 끝났다.'

금메달 이후, 높은 세계 랭킹을 유지하고 있음에도 혹평이 쏟아졌다. 하지만 크게 개의치 않았다. 시드니 올림픽의 아픔을 겪었고, 부산 아시안게임에서의 치열한 경쟁을 이겨냈다. 언론이 주목하지 않았을 때부터 이미 여러 번 무너졌었고, 그때마다 다시 일어선 경험이 있었다. 어린 시절 그런 과정을 넘어온 시간이 나를 단단하게 잡아주고 있었다. 중요한 것은 한 번의 패배가 아니라, 끝까지 나아가는 것이란 걸 알고 있었기 때문이다.

4

열다섯이란 나이는 교복이 익숙할 나이다. 그런데 나는 그 나이에 교복 입은 사회인이 되어 있었다. '중학생 국가대표'라는 타이틀을 얻자 여러 실업팀에서 나를 주목하기 시작한 것이다. 어느 날 한 실업팀 관계자가 우리 집에 방문했다. 그리고 얼마 후 삼성과 촉탁 계약을 체결했다.

당시에도 기업들이 스포츠 유망주에게 일찍부터 관심을 보인다는 것은 알고 있었다. 하지만 그 나이에 '직장인'이 되는 것이 그렇게 와닿는 일은 아니었다. 잘 모르는 세상에 너무 빨리 발을 들여놓은 느낌이었다. 정확히 언제 계약을 했는지는 기억이 가물가물했는데 나중에 입사 연도를 확인해 보니 1997년 10월이었다.

그때는 몰랐다. 나이가 어려도 회사에 소속된 이상 많은 것을 감당해야 한다는 걸. 게다가 내 의지와는 전혀 무관한 일도 얼마든지 일어날 수 있다는 것을 그때는 짐작조차 하지 못했다.

그 계약은 우리 가족에게 큰 변화를 가져왔다. 이전까지 아버지는 내가 해외 대회에서 랭킹을 유지하는 데 필요한 비용을 모두 감당하셔야 했다. 지금이야 유망주들에게 일찍부터 스폰서가 붙고 지원도 체계적으로 이루어지지만, 예전에는 스폰서란 개념이 없었다. 모든 비용을 선수와 가족이 감당해야 했다. 심지어 에이전시 시스템도 없었기 때문에 아버지는 나를 위해 빚까지 지셔야 했다. 그때는 아무 말씀 없으셔서 자세히 몰랐지만, 시간이 지난 후 계약금으로 빚을 정리할 수 있었다는 말씀을 들었다.

중학생이었던 나는 그렇게 고비를 넘긴 줄도 모르고 직장인 선수가 되어 다양한 지원을 받았다. 덕분에 경제적으로는 안정될 수 있었다. 하지만 그만큼 아니 그 이상의 심리적인 부담을 떠안아야 했다. 세상에 공짜는 없는 것이다. 경제적인 지원을 받는 만큼, 나는 더더욱 좋은 성적을 내야 한다는 부담감 속에서 뛰어야 했다.

물론 이 과정도 내가 이겨내야 하는 것이었다. 내가 해내지 못하면 지금까지 애써온 모든 것이 무의미해질 수 있다는 생각에 스스로를 다잡았다.

그래도 나는 운이 좋은 편이었다. 계약금 금액이 꽤 컸기 때문에 세 번에 걸쳐 분할 지급되었는데 IMF 외환위기가 터지기 직전에 계약이 성사되었다. 만약 계약이 조금만 늦었더라면 상황이 많이 달라졌을지 모른다.

스카우트 파동의 이면

나는 그렇게 학생이자 실업팀 선수로서 고등학교 시절을 보내다가 2000 시드니 올림픽에 참가했고, 첫 올림픽에서 실망스러운 성적표를 받고 좌절하고 있었다. 그런데 설상가상으로 얼마 후, 그때까지 살면서 한 번도 겪어보지 못한 큰 위기를 겪었다. 바로 스카우트 파동 사건이었다.

삼성과는 이미 중학교 3학년 때 계약을 맺은 상황이었

다. 그런데 몇 년 후 대한탁구협회가 신규 창단된 팀들에게 고등학생 선수 두 명을 우선 부여하는 제도를 도입했고, 제주 삼다수팀이 나를 영입하는 것을 목표로 창단되었다. 그들은 나와 제주도 내의 또 다른 유망주 한 명을 지명했는데 나는 이미 삼성을 선택했기 때문에, 제주 삼다수와 계약하지 않았다.

그런데 황당하게도 협회가 나를 제주 삼다수팀에 배정해 버렸다. 그러면서 고등학교 3학년 때 열린 전국종합선수권 대회에서 삼성과 삼다수가 동시에 나를 등록하는 결과로 이어졌다. 그것이 이중 등록 문제로 비화된 것이다.

당시 나는 제주 삼다수와 계약을 한 사실도 없고 이미 중학교 3학년 때 삼성을 선택했기 때문에 곧 정리될 거로 생각했다. 하지만 결론은 내 예상치를 훨씬 뛰어넘었다. 협회의 결정으로 대회를 뛰지 못하게 된 것이다. 나는 1년간 국내 대회 출전 정지를 당했다. 그때가 고등학교 3학년 10월, 시드니 올림픽을 준비해야 하는 시점이었다.

당혹스러웠다. 어떻게든 방법을 찾아야 했다. 나는 고심 끝에 독일행 비행기에 몸을 실었다. 독일 분데스리가의 팀에서 뛰기로 결정한 것이다. 올림픽을 목전에 두고 있던 19세 선수에게는 어떻게든 훈련을 하고 경기를 뛸 곳이 필요했다.

하지만 부모님과 장기간 떨어지는 것도 낯선 환경에서 모든 걸 스스로 해결해야 하는 것도 그때가 처음이었다. 각오는 했지만 타국에서의 생활은 쉽지 않았다. 당시에는 동양인에 대한 차별도 있었고, 언어 장벽도 거대했다. 독일어는커녕 영어조차 서툴렀던 나는 말이 거의 통하지 않아 온갖 불편함을 감수해야 했다. 상대방이 하는 말을 이해하지 못하면 그냥 "오케이"라고 답하고 돌아와서 사전을 찾아보는 식이었다.

출국 과정에서도 어려움이 있었다. 당시에는 독일로 가려면 벨기에 브뤼셀에서 환승을 해야 했는데, 비행기가 연착되면서 다음 항공편을 놓쳐버렸다. 스마트폰도 없었고, 마땅히 도움을 요청할 사람도 없었다. 손짓, 발짓을 해가며 겨우 다음 비행기에 탑승했고 뒤셀도르프에 도착했다.

긴 비행 시간 끝에 팀 주소가 적힌 종이 한 장을 들고 목적지에 도착했다. 그런데 그곳에 도착하자마자 나는 곧바로 경기장으로 이동했다. 한숨도 돌리지 못한 채 급하게 경기에 투입된 것이다. 시차 적응도 되지 않은 상태에서 규정도 모르고, 팀 메이트가 누구인지도 모르는 상황이었다. 곧바로 원정 경기에 출전해 복식과 단식을 연달아 뛰었는데, 첫 경기에서 1승 1패를 거뒀다. 모든 것이 너무 빠르게 진행된 날이었다. 정신이 아찔했다. 무엇이 어떻게 돌아가는지 이해할 틈도 없었고, 마치 현실이 아닌 영화 같다는 생각까지 들었다.

홀로서기를 배운 6개월의 유학

독일에서의 첫날이 그 정도였으니 이후에도 좌충우돌할 것은 예정된 거나 다름없었다. 숙소가 따로 없던 나는 작은 호텔에서 혼자 생활하며 밥도 전부 사 먹어야 했다. 독일 화폐였던 마르크를 쓰는 것도 익숙지 않아 진짜 어린아이로 되돌아간 것 같았다. 현지 화폐 단위를 잘 몰라 계산대 앞에 서서 헤맨 적도 여러 번이다. 신용카드도 없어서 현금으로 모든 걸 해결해야 했다. 처음 피자를 사 먹을 때는 메뉴를 제대로 이해하지 못해 엉뚱한 걸 주문했던 기억이 지금도 난다.

그때의 무지와 순진함은 큰 실수로 이어지기도 했다. 트램을 처음 타보곤 신기했는데, 몇 번을 타도 사람들이 돈을 내는 모습을 보지 못했다. 그때 나는 '아, 이 트램은 돈을 안 내고 타는가 보다' 싶어 자연스럽게 무임승차를 하고 있었다. 그런데 어느 날 친구들이 표를 끊는 걸 보고는 되물었다.

"표를 왜 끊냐? 다 안 내고 타던데?"

그러자 친구들이 깜짝 놀라면서 말했다.

"너 그거 걸리면 큰일 나. 유럽에서는 무임승차 벌금 엄청 세."

그제야 뭔가 이상하다는 걸 깨달았다. 그동안 운이 좋아 그냥 넘어간 거였다.

이후로 다시 트램을 타게 되어 이번에는 자신 있게 표를 끊었는데, 문제는 나는 당시 표도 제대로 살 줄 몰랐다는 것이다. 독일어를 모르니 별생각 없이 가장 싼 걸 끊었다. 그리고 아무렇지도 않게 자리에 앉아 있는데, 검표원이 다가왔다. 표를 보여 달라는 말인 것 같아 들고 있던 표를 자신 있게 보여줬더니 그는 고개를 저었다.

"이건 유아 티켓인데요."

그때의 당혹스러움이란. 유아 티켓과 성인 티켓을 구분할 줄 몰라 무작정 제일 저렴한 걸 골랐던 것이다. 곧바로 겁이 났다.

'이제 벌금 내야 하나?'

다행히도 내가 외국인이고, 어려 보였는지 검표원이 넘어가 줬다. 그날 이후로는 제대로 된 표를 샀던 기억이 있다.

그 무렵 새벽이면 매일 부모님과 통화를 했다. 당시에는 해외에 나가면 선불카드를 긁어서 공중전화를 이용했는데 그때의 기억이 아직도 생생하다. 부모님 목소리를 들을 때마다 한국으로 돌아가고 싶은 마음이 불쑥불쑥 고개를 들었지만 한 번도 속내를 드러내진 않았다. 그 말 한마디에 부모님은 밤잠을 설치실 테니까.

그렇게 내색하지 않고 하루하루를 견디는 방법을 배워나갔다. 당시 독일에서의 생활을 떠올려 보면 가장 어려웠던 점은 경기를 하기 위해 유럽 여러 나라를 혼자 돌아다녀야 했다는 점이다. 비행기 표 예매부터 숙소 예약, 이동 경로까지 모든 걸 스스로 해결해야 했다. 처음엔 정신이 아득할 정도로 무서웠지만 점점 적응이 되면서 그런 경험들이 내게는 단단한 자신감을 심어주었다. 도전하고 개척하는 것이 몸에 익기 시작한 것도 그때부터였다.

꼰대처럼 보이겠지만, 나는 요즘 선수들에게 이렇게 말한다.
"너희는 시합 나가면 다 마중 나와주잖아. 소속팀도 있고, 매니저가 따라붙어서 하나부터 열까지 다 해주잖아. 표 끊어주고, 일정 조율해 주고, 숙소 잡아주고. 나는 그런 거 하나도 없었어."
누군가는 해줘야 할 말이 아닐까. 국가대표 선수로 대회에 나갈 때는 그나마 배려를 받았지만, 독일에서 혼자 다니면서는 그야말로 맨땅에 헤딩하는 느낌이었다. 하지만 그 덕분에 어떤 환경에도 적응하고 스스로를 지키는 방법을 배웠다. 고등학교 3학년의 나이에 그런 경험을 했으니, 조금 적응이 되자 나중에는 혼자서 어떤 것도 할 수 있겠다는 마음이 들었다.

독일 생활에 적응을 해가면서 혼란스러운 와중에도 내 중심을 지킬 수 있는 방법은 내가 가지고 있던 루틴을 그대로 유지하는 것이라고 생각했다. 환경이 바뀌어도 내 할 것을 그대로 하다 보면 금세 자리를 잡게 될 거라고. 그래서 독일에서도 새벽 운동은 거르지 않았다. 마음이 외롭거나 힘들수록 몸을 더 단련해야 했다. 당시 클럽 대표가 인터뷰에서 "한국에서 온 어린 선수가 매일 새벽이면 뛰고 있었다"라고 말할 정도였다.

그 길 역시 내 길이었다

탁구는 전 세계 공통이기에 운동을 하는 건 어렵지 않았지만 그 외 일상은 사소한 것 하나하나가 낯설었다. 그러다 한인 이민자 분들이 많이 다니는 순복음교회에 나가면서부터 조금씩 숨통이 트이기 시작했다. 만약에 그때 그분들을 만나지 못했다면 독일에서의 생활은 지금과는 조금 다르게 기억됐을 거 같다. 6개월. 짧다면 짧고 길다면 긴 그 시간 동안 가까운 곳에 도움을 청할 사람이 있다는 것이 얼마나 큰 힘이 되던지, 잊을 수 없는 분들이다.

시간이 지나 2017년, 뒤셀도르프에서 세계선수권 대회가 열렸다. 나는 당시 대한탁구협회 부회장과 대표 단장직을 맡아 선수단을 이끌고 독일을 찾았다. 하루는 한인 식당에서 회식을 했는데, 그곳은 고3 독일 유학 시절 여러 가지로 도움을 주셨던 교회 아저씨가 운영하는 식당이었다. 아저씨는 나를 보더니 너무나 반가워했다.
"그때 그 꼬마가 탁구협회 단장이 돼서 다시 왔네."
아저씨의 가족들 역시 마찬가지였다. 십수 년이 지나서 만났는데도 온화한 모습이 그대로였다. 그분들을 보면서 나도 모르게 울컥했다. 먼 타국에서 받은 정이 이렇게도 오래 가슴에 남는구나 싶었다.

하지만 독일 생활을 돌아보면, 오래도록 아쉬움이 남는 것도 있다. 올림픽을 앞두었던 당시 나는 당장에 뛸 팀이 필요했고, 다급한 마음에 외국팀과 계약을 했다. 영어도 독일어도 서툴렀던 내가 승인한 계약서는 조금 더 꼼꼼하게 살펴볼 필요가 있던 것이었다.

타국에서 고군분투하며 6개월을 뛰고 난 후, 계약 내역에 따라 정산을 요청했다. 그런데 구단은 이런 통보를 해왔다.

"승민, 너에게 줄 돈은 없다."

당시 담당자들은 세금 50%를 떼고 숙박비, 식비 등을 공제하면 남은 돈이 0이라고 설명했다. 그게 무슨 말인가 싶었지만, 내 소통 능력으로는 자세하게 알아보기 어려웠다. 어린 나이에 법적으로 대응할 수 있는 지식도, 도움을 요청할 만한 곳도 없었다. 너무 막막해서 한인회 분들에게 어떻게 해야 하는지를 물었더니 변호사를 쓰라고 했다. 부모님이 계신 것도 아니었고, 선수로서 운동에 집중하기에도 빠듯하던 나는, 일이 너무 커질 것 같아 어쩔 수 없이 수긍했다.

이때 절실하게 깨달았다. 영어 공부를 해야겠다는 것 그리고 성인이 되었으니 계약을 할 때는 문서를 꼼꼼하게 검토해야 한다는 것이다. 특히 해외 계약을 할 때는 반드시 세금을 제외한 금액을 놓고 협상을 해야 한다는 것도 알게 되었다.

요즘 기준으로 보면 그런 것도 모르고 외국으로 나갔다

는 게 이해가 안 갈 수 있지만, 당시에는 체계적인 시스템이나 참고할 만한 선례가 없었다. 그러다 보니 새로운 환경에는 모든 걸 직접 부딪히며 배우는 수밖에 없었다.

그래도 이때의 경험으로 이후 한국 선수들이 해외 계약을 맺을 때 도와줄 수 있어 좋았다. 내가 걸었던 낯선 길을 누군가는 조금은 안전하게 갈 수 있게 도와줄 수 있어 다행이었고, 어느새 내 이름 앞에 붙은 '계약왕'이라는 별명도 나쁘지 않았다.

계획에 없던 짧은 유학의 성과

6개월간의 독일 생활을 마치고 한국으로 돌아왔다. 귀국하는 비행기 안에서 갑자기 어른이 되는 법을 배웠다는 생각이 들었다.

불의의 사태로 고등학교 마지막 해를 국내에서 뛸 수 없게 되었고, 중요한 시기에 손발이 묶인 선수가 됐다. 거대한 벽 앞에 선 기분이었지만 그대로 있을 수는 없어 출구를 찾았다. 누군가는 어린 학생이라고 볼지라도 나는 어떻게든 길을 찾은 것이다.

그리고 종이 한 장에 적힌 주소만 들고 비행기에 올랐다. 낯선 사람, 낯선 언어, 낯선 문화 속에서 운동선수로서 또 자연인으로서 생존을 위한 시간을 보내고 귀국하는 길, 나는 진짜 홀로서기를 배웠다는 생각이 들었다.

한국으로 돌아온 후 다시 국가대표 선수로 복귀했다. 실업팀에도 들어갔다. 1년 동안 출전 정지를 당했지만 삼다수와의 협의가 원만하게 이루어지면서 2001년 12월부터는 삼성생명 소속으로 대회를 뛸 수 있었다.

나는 사춘기도 겪어보지 못했다. 중학교 때부터 형들과 함께 지내면서 오직 훈련과 경기만을 반복했다. 나에게는 이루고 싶고 이루어야 하는 목표가 있었고, 그것만 보고 달리는 것이 내 생각과 일상의 전부였다.

하지만 되돌아보면 내 인생은 직선이 아니라 굴곡이 많은 곡선이었다. 예상치 못했던 흐름에 떠밀려 돌아가기도 하고 깊은 계곡에 빠져 허우적거리기도 했다. 그런데 나를 조금 더 단단하게 만들고 한 뼘 더 성장하게 만든 건 그 굴

곡들이었다.

최선을 다한다고, 극한의 노력을 쏟는다고 해서 모든 일이 내가 원하는 때에 내 뜻대로 되지는 않는다는 걸 이른 나이에 알았다. 하지만 그러면서도 포기하지 않고 버티다 보면 결국은 그 수고와 노력만큼 성과가 따라온다는 것도 조금씩 알게 됐다.

마지막을 향한 독일에서의 새로운 시즌

2012 런던 올림픽을 마지막으로 나는 국가대표 은퇴를 선언했다. 이제는 국가대표로서 할 수 있는 역할이 더 이상 없다는 생각을 해오던 참이었다. 그렇게 올림픽을 마치고 다른 대표팀 선수들이 귀국해 환영을 받을 때 나는 독일로 넘어갔다. 미리 계약해 둔 독일 프로팀이 있었다.

마지막 선수 생활을 유럽에서 마무리하기로 결정했던 이유는 세계적인 리그에서 더 많은 경험을 쌓고, 견문을 넓혀 커리어를 정리하고 싶었기 때문이다. 내가 합류한 팀은 독일의 명문 클럽 옥센하우젠이었다. 인구 8천 명의 작은 타운에 위치한 그 팀은 분데스리가 1부 리그 소속으로 1997년, 2000년, 2004년 세 차례나 리그 우승을 차지한 강팀이었다. 삼성생명 소속이었던 나는 임대 선수로 계약을 맺고 옥센하우젠에서 새로운 시즌을 준비했다.

열아홉 살의 나이에 독일 보루시아 뒤셀도르프 클럽에서 유럽 무대를 처음 경험한 후 나는 2005년 오스트리아 SVS 클럽에서 2008년에는 프랑스 GVH에서 뛰며 유럽의 탁구 환경을 익혔다. 그 경험이 마지막 시즌, 나를 독일로 향하게 했다.

그런데 옥센하우젠에서는 조금 달랐다. 국가대표라는 무거운 짐을 내려놓은 상태로 순수하게 클럽 선수로서 뛰게 된 것이다. 나에게는 낯선 느낌이기도 했다. 그런데 독일에 도착해 팀 관계자들과 인사를 나누는데, 팀에서 나에게 거는 기대가 상당히 크다는 걸 느낄 수 있었다. 올림픽 챔피언이라는 타이틀은 늘 따라다니는 것이었다. 지역의 팬분들도 올림픽 금메달리스트가 왔다며 크게 반겨줬다.

그런데 당시 나는 선수로서는 수많은 경험이 쌓인 상태

였지만, 개인적인 상황은 조금 달라져 있었다. 결혼을 하고 아이가 막 태어난 시기였다. 첫째 아이가 생후 4개월이었는데 어린 아기를 안고 아내와 함께 낯선 환경에 적응해야 하는 것이 가장으로서 또 다른 책임감을 부여했다. 생활뿐 아니라 유럽 리그의 문화와 경기 스타일 그리고 새로운 팀원들과의 호흡까지, 대표팀 은퇴 후 조금은 편안하게 뛰어볼 수 있을까 싶을 때 다시 새로운 출발을 하게 된 것이었다. 생각보다 신경 써야 할 것들이 많았다.

그래도 클럽에서는 올림픽 챔피언이 왔다며 환영해 줬고, 언제나 부담감과 기대 속에서 뛰어왔던 나는 걱정하기보다는 반드시 성공적으로 보내보자는 마음으로 2013 시즌에 돌입했다.

독일 프로탁구 리그 첫 시즌에서 나는 다국적 선수들과 한 팀이 됐다. 영국, 포르투갈, 러시아, 프랑스에서 온 선수들을 상대로 누구도 양보하지 않는 승부를 펼쳤다. 분데스리가는 10개 팀이 1부 리그 경기를 치르는데, 매 시즌마다 하위 두 팀이 2부로 강등되는 승강제 시스템을 운영하고 있었다.

독일의 프로 스포츠 시스템은 한국과는 다르게 모기업이 아닌 여러 스폰서가 팀을 지원하는 형태다. 여러 스폰서가 팀을 지원하면서 계약에 따라 재정 규모가 결정되는 방식인 것이다. 그래서 성적이 좋지 않으면 지원이 크게 줄어드는 경우도 있다. 그만큼 치열한 서바이벌 경쟁이 이뤄지는 곳이었다.

프로탁구 리그는 유럽 여러 나라에서 운영되고 있지만, 그중에서도 가장 체계화된 곳이 독일이었다. 프랑스, 오스트리아, 일본, 인도, 중국 등에도 리그가 있지만, 독일은 분데스리가를 포함해 유러피안 챔피언스리그까지 운영하고 있어 다른 나라는 물론 유럽 내에서도 가장 견고한 리그 시스템을 구축한 상태였다. 나는 옥센하우젠팀 소속으로 분데스리가와 유러피안 챔피언스리그를 병행하며 시즌을 소화했다.

첫 시즌을 뛰며 당시 개인 승률 2위를 기록했던 것으로 기억한다. 팀도 리그 2위를 차지했다. 분데스리가는 개인별 승률을 매겨 선수가 어느 정도로 활약했는지 객관적으로 평가하는 시스템을 운영했다. 그런 면에서 내 성적은 상당히 좋은 편에 속했고 챔피언스리그에서도 좋은 성적을 거두면서 팀에 기여할 수 있었다.

개인적으로 옥센하우젠에서의 생활은 더 특별했는데 팀에서는 나를 올림픽 챔피언으로 존중하며 자율성을 더 보장해 주었다. 코치는 매일 아침 "미스터 류, 아침 훈련할 거야?"라고 물어봤다. "응, 할 건데 왜?"라고 물으면 "그냥 네가 어떻게 하고 싶은지 알고 싶어서"라는 답이 돌아왔다. 당시 그 팀 선수들이 나보다 어린 유망주들이 많았기 때문에, 나는 자연스럽게 팀의 주장 같은 역할을 맡고 있었다.

첫 시즌이 끝난 후, 팀에서는 계약을 연장하고 싶어 했다. 승률도 좋았고, 팀의 성적에도 기여했으니 자연스러운 일이었다. 1년 전 독일로 올 때 나는 딱 한 시즌만 뛸 생각이었다. 대표팀 은퇴 후였고 얼마나 더 뛸 수 있을지 모르겠다는 마음이었기 때문이다. 그런데 한 시즌을 뛰어보니 컨디션도 실력도 꽤 괜찮다는 것을 느꼈다. 결국 팀의 요청을 받아들여 2014년 6월까지 1년 더 계약을 연장했고 그렇게 분데스리가에서 한 시즌을 더 보내게 되었다.

그런데 두 번째 시즌은 좀 달랐다. 원래 1년만 더 하고 은퇴할 마음으로 있다가 1년을 더 연장하니, 시간이 지나면서 스스로 조금씩 변해가는 것을 느꼈다. 예를 들어 아침마다 코치가 훈련 여부를 물으면, 1년 차 때는 주저 없이 "하겠다"고 대답했던 내가 이제는 "오늘은 좀 피곤해서 쉴게"라고 말하기 시작한 것이다. 그전까지는 내 운동 인생에 한 번도 없었던 일이었다.

그렇다고 완전히 나태해진 건 아니었다. 여전히 대회에 출전했고, 승률도 60~70% 정도를 유지했다. 하지만 마음속에서 돌이킬 수 없는 무언가가 일고 있었다. 나이는 서른 중반을 향해 가고 있었고 선수로서 어느 정도 노장에 들어갈 때라, 예전 같은 간절한 열정은 많이 줄어들고 있었다. 특히 나는 정상에 올랐던 사람이었기 때문에 내 몸과 마음이 예전과는 많이 다르다는 걸 스스로 느낄 수 있었고 마음으로도 인정을 해야 했다.

그래도 클럽은 붙잡고 싶어 했다. 5년 계약을 제안하며, 시합에 많이 나서지 않아도 되니 대신 팀의 어린 선수들을 육성하는 역할을 맡아달라고 했다. 플레잉 코치 같은 개념이었다. 게다가 내 자녀들도 독일에서 교육을 받을 수 있는 기회라고 설득했다. 연봉도 만족스러웠다. 사실 흔들리지 않을 수 없는 조건이었다. 고심 끝에 스스로에게 조용히 질문을 해보았다.

'내가 탁구를 해온 20여 년의 시간 동안 하루라도 최선을 다하지 않은 적이 있었던가? 나를 움직이게 했던 원동력이 돈이나 환경이었던 적이 있었던가?'

결론은 아니었다. 내가 탁구를 통해 얻었던 가장 큰 가치는 승리를 향해 가는 끊임없는 노력의 과정이었고, 이기기 위해서는 반드시 대가를 치러야 했다. 그 대가란 훈련과 마음가짐이다.

그런데 그때 나는 훈련을 게을리하고, 시합에도 소극적으로 임하고 있었다. 예전의 나와 비교하면 절반에도 미치지 못하는 수준이었다. 그렇다면 내가 5년 동안 이곳에서 돈을 벌고 생활하며 언어를 배우는 것이 무슨 의미가 있다는 말인가?

나는 할 수 없었다. 탁구 선수가 아닌, '탁구를 하는 사람'이 되고 싶지는 않았다. 선수로서의 열정이 100%가 아닌데, 억지로 선수 생활을 이어간다는 건 내 가치관과 맞지 않았다. 독일에서 두 번째 시즌을 마치고 결국 한국으로 돌아왔다.

가보지 않은 길

한국으로 돌아온 후 당시 대한탁구협회장을 맡고 계시던 조양호 회장님을 찾아뵈었다. 탁구협회를 오랫동안 후원해 주신 분이셔서 인사도 드릴 겸 은퇴 후 생활에 대한 조언도 구하기 위해서였다. 그때 조 회장님이 유학을 권하셨다. 견문을 넓히고 공부를 해보라는 뜻으로 미국 USC(남가주대학교)를 추천해 주셨다.

나도 예전에 견학한 적이 있는 학교였는데, 뉴트리션, 피지컬 트레이닝, 회복 시스템 등 선수들을 위한 체계적이고 종합적인 지원 시스템이 잘 갖춰져 있는 것을 보고 깊은 인상을 받았었다. 이론과 실전이 유기적으로 연결되어 있는 환경이 기억에 남았고, 그런 시스템은 배울만하겠다 싶었다. 유학을 가기로 했다.

하지만 인생을 살다 보면 예상치 못한 변수는 언제든 생길 수 있는 법. USC 어학연수 과정과 현지 집 등을 알아보고 준비를 마친 어느 날, 대한탁구협회에서 연락이 왔다. 인천 아시안게임을 앞두고 대표팀 코치를 맡아달라고 했다. 한국 탁구가 위기에 처했으니 지도자로서 힘을 보태달라는 요청이었다.

어떻게 해야 하나 고민 끝에 결국 유학을 미루기로 했다. 가슴에 태극마크를 달고 뛰었던 선수로서, 국가의 부름보다 개인적으로 하고 싶은 것을 우선순위에 두는 건 아니라는 생각이 들었다. 그렇게 대표팀 코치로 지도자 생활을 시작했다. 사실 당시에는 그 모든 일이 너무 빨리 진행되는 바람에 선수 은퇴식도 하지 못했다.

그렇게 참여한 2014 인천 아시안게임에서 탁구 대표팀은 남자 단체전에서 은메달 1개, 혼합 복식, 여자 단식, 남자 단식에서 동메달 3개를 따내며 대회를 마무리했다. 이전에 비하면 부진한 성적이었다. 하지만 선수들은 최선을 다했고 나 역시 코치로서 함께하는 동안 예전과는 또 다른 것들을 배우고 느낄 수 있었다.

그렇게 아시안게임을 끝내고 다시 유학 준비에 돌입했

다. 잠시 미뤄둔 것일 뿐, 영어 공부도 하고 견문도 넓히는 기회는 놓치고 싶지 않았다. 그런데 이번에는 삼성생명에서 연락이 왔다. 여자 탁구단 코치를 맡아달라는 요청이었다. 난감했다.

다시 생각에 잠겼다. 그런데 유학은 개인적인 선택으로 언제든지 갈 수 있는 것이 아닐까 싶었다. 지도자는 내가 하고 싶다고 해서 할 수 있는 게 아닌 자리가 아닌가. 기회가 왔을 때 또 지도자로서 첫발을 내딛었을 때 경험을 먼저 쌓자고 생각해 수락했다.

삼성생명 여자팀 코치로 들어간다는 사실이 공식화되자 주변에서도 여러 이야기가 나왔다. 대부분은 긍정적인 기대였지만, 여러모로 부담스러웠다. 지도자 경험이라고는 아시안게임 때 남자 대표팀을 잠깐 맡은 것이 전부였기에, 성별도 다른 여자 선수의 정식 코치가 된다는 건 새로운 도전이었다. 다시 배워야 했고 강한 책임감을 가져야 했다.

당시 팀에는 중국에서 귀화한 최효주 선수가 있었다. 실력은 출중한데 이상하게도 시합에서 제 기량을 발휘하지

열정적이었던 지도자 시절

못하고 있다고 했다. 이유를 분석해 보니 전임 코치가 플레이 스타일을 바꿔놓았던 것을 알게 됐다. 나는 선수가 원래 하던 방식대로 플레이하도록 지도했다. 그리고 훈련의 강도도 높였다. 그러자 효주는 불과 몇 개월 만에 세계 랭킹 200위에서 30위권으로 도약했다. 동시에 올림픽 자동 출전권 경쟁에서도 유력한 후보로 부상했다.

짧은 기간에 큰 성과가 나자, 선수뿐 아니라 나에게도 강력한 동기 부여가 되기 시작했다. 세계 랭킹이 훌쩍 올라간 것뿐만 아니라 이제 몇 개 대회에 나가 상승세를 이어가면 올림픽에 나갈 수도 있는 상황이었다. 지도자로서의 보람을 느끼기도 하고 지도자의 역할이 어떤 것인지에 대해서도 생각하게 되면서, 이 길이 앞으로 내가 가야 할 길이라고 생각했다.

계속해서 좋은 모습을 보이던 효주에게 인터뷰 요청이 들어왔다. 워낙 상승세가 두드러지니 언론에서도 관심을 보였고 그러면서 나까지 인터뷰를 하게 되었다. 그런데 한 기자가 인터뷰를 끝내고 사담처럼 한마디를 툭 던졌다.

"코치님, IOC 선수위원 국내 면접이 있는 거 아시죠?"

사실 예전부터 관심이 있었기 때문에 알고는 있었다. 하지만 막 출발한 지도자의 길에 집중해야 했고, 효주 역시 나에게 의지를 많이 하고 있던 터라 깊게 생각하지 않고 있었다. 그런데 이상하게도 그날은 기자의 말이 마음속에 조용한 파문을 일으켰다.

"이게 마지막 기회일 수도 있겠구나."

안 될 거라는 생각으로
기회를 흘려보내지는 말 것

IOC 선수위원이 되려면 최근 8년 이내 올림픽에 참가한 경력이 있어야 한다. 내 경우 2012 런던 올림픽을 마지막으로 국가대표를 은퇴했기 때문에 2016 리우 올림픽이 선거에 출마할 수 있는 마지막 선거일 확률이 높았다. 형식적으로는 2020 도쿄 올림픽까지 출마가 가능했지만, IOC 위원은 후보자의 출전 이력 외에도 현역성이 높은 비중을 차지하기 때문에 8년 후를 기약하기에는 불안 요소가 컸다.

그렇다면 지금이 아닌 다음 기회를 바라보기는 무리라고 생각했다. 고민에 빠졌다. 효주의 성장과 올림픽 도전도 분명 큰 의미가 있는 일이지만 IOC 선수위원에 도전할 수 있는 기회를 이대로 흘려보낸다면, 훗날 지금을 두고두고 되돌아볼 거 같았다.

결국 결정을 내리지 못하고 회사와 상의를 해보기로 했다. 공고 종료를 열흘 앞둔 시점이었다. 내 이야기를 들은 회사는 우려스러운 반응을 보였다.

"어차피 장미란, 진종오 선수 중 한 명이 될 텐데 너는 코치에 집중하는 게 좋지 않을까?"

탁구협회의 반응도 비슷했다. 그런데 희한한 것이 그럴수록 쉽게 포기가 되지 않았다. 최소한 국내 면접이라도 보고 싶다는 마음이 걷잡을 수 없이 커져 갔다.

탁구협회 회장사였던 대한항공 조양호 회장님 밑에서 일하시던 부회장님을 찾아갔다.

"저 이거 마지막 기회인데, 해보면 안 되겠습니까?"

다행히 대한항공 측에서 도움을 주기로 했다. 다음 날부터 바로 면접 준비에 들어갔다.

낮에는 선수들을 지도하고, 밤에는 자기소개서를 작성하며 영어 면접을 준비했다. 대한항공에서 지원해 주신 분이 밤마다 찾아와 도와주셨고, 나는 그 짧은 시간 동안 할 수 있는 최대한의 준비를 했다. 면접을 준비하며, 삼성생명에도 도움을 구하면 충분히 도와줄 수 있는 분위기였지만, 내가 내키지 않았다. 지도자를 하면서 다른 데 신경을 쓰고 있는 상황에서 그 일을 도와달라는 말은 너무 염치없는 거로 생각했다.

마침내 면접 날이 다가왔다. 면접관은 총 아홉 명이었다. 영어 면접과 한국어 면접이 각각 한 시간씩 진행될 예정이었고, 5분 동안 영어로 프레젠테이션을 해야 했다. 우선 기본적인 자기소개와 왜 내가 IOC 선수위원을 해야 하는지 그리고 올림픽에서 내가 할 수 있는 역할이 무엇인지 등 총 다섯 개 항목에 답을 하는 자리였다.

혼자 준비해서는 어림도 없는 난이도였기에 면접을 준비하는 동안 여러 사람들을 찾아다니며 조언을 구했다. 특히 영어 면접을 위해 스키 국가대표 출신인 토비 도슨을 찾아가 도움을 받기도 했다. 면접 하루 전날에는 친지와 지인들 약 서른 명을 우리 집에 초대해 면접관이라고 생각하고 3~4번씩 리허설을 반복했다. 실전처럼 연습하고 예상 질문을 주고받으며 긴장을 줄이기 위해서였다.

하지만 면접을 준비하며 이것만으로는 부족하다는 생각이 들었다. 워낙 짧은 시간에 급하게 준비한 것도 있었지만, 말로 설명할 수 있는 그 이상이 무엇이 있을까 계속 고민했다.

IOC 선수위원을 맡기 위해서는 국제적인 경쟁력이 필

요하다. 나의 커리어를 돌아보니 선수 시절 해외 리그에서 뛴 경험이 있었다. 이때의 경험과 생각을 강조해 보자고 했다. 물론 면접과 프레젠테이션으로 설명하겠지만, 다른 방식도 있지 않을까?

예전 동료들에게 오랜만에 연락을 했다. IOC 선수위원 면접을 준비하는 상황을 설명하고 추천서를 부탁했는데, 모두 적극적으로 반응해 주었다. 독일 옥센하우젠에서 함께 뛴 선수들과 코치, 매니저, 클럽 회장 등 약 열 명이 성의껏 추천서를 써주었다.

면접이 시작되기 전, 나는 면접관들에게 이 추천서를 직접 나눠 주었다.

"이게 뭡니까?"

면접관 중 한 명이 물었다.

"IOC 선수위원을 맡으려면 글로벌 경쟁력이 필요합니다. 저는 해외 리그에서 선수 생활을 하며 다양한 나라의 선수들과 교류했습니다. 이 추천서는 제가 함께한 동료들이 저에 대해 작성해 준 것입니다."

면접관들은 내 추천서를 훑어보기는 했지만, 그 자리에

서 읽지는 않았다. 어느 정도 예상한 반응이긴 했다. 그러면서도 추천서를 준비한 건 내용을 다 읽지 않더라도 내 진심과 성의를 전달하고 싶어서였다.

드디어 면접이 시작되었다. 긴장되었지만, 미리 연습한 만큼 잘해 낼 수 있을 것 같았다. 예상했던 것과 달리 질문 순서가 바뀌긴 했지만 여러 번 리허설을 한 덕분에 당황하지 않고 차분하게 대답했다. 영어 질의응답도 차근차근 소화했고, 한국어 면접 역시 내 생각을 잘 전달했다. 바라던 대로 할 수 있는 건 모두 다 했기 때문에 나올 때는 후련한 기분이었다.
'이제 다시 선수들 가르치러 가야지.'
솔직히 크게 기대를 하지는 않았다. 언론에서도 주변 사람들도 내가 아닌 다른 후보가 될 거로 예상했기 때문이었다. 나는 그저 기회가 왔을 때 할 수 있는 최선을 다했고, 그 자체로 만족했다.

면접이 끝난 후 지도하는 선수들이 시합하고 있는 경기장으로 향했다. 대통령기 시합이었다. 경기장에서 선수들을 지도하고 있는데 갑자기 누군가가 달려와서 외쳤다.
"야, 됐다!"
처음에는 무슨 말인지 몰랐다. 그런데 곧 뉴스 속보가 뜨기 시작했다.
'유승민, 대한민국 대표 IOC 선수위원 후보자 발탁'이라는 제목이 화면을 채웠다. 언론은 '깜짝 발탁', '이변'이라는 단어를 사용하며 보도했고 예상치 못한 결과에 놀라움을 감추지 않았다.

쏟아지는 뉴스 속보를 한참을 보고서야 정말 내가 됐구나, 라는 걸 실감했다. 그리고 뜻밖의 결과에 너무 기뻤다. 하지만 그만큼 효주에게 미안했다. IOC 선수위원 최종 선발을 준비하기 위해 회사에 양해를 구하고 코치 일을 그만두어야 했기 때문이다.
이후 효주는 마지막 몇 개월을 남기고 성적이 하락해 올림픽 출전권을 놓쳤다. 다른 코치가 붙었지만, 상승세를 유지하는 데는 실패했다. 두고두고 아쉬움이 남는 부분이다. 지금도 효주에게는 미안한 마음이 크다.

두 번째 바위를 깨다

최선을 다했지만 크게 기대하지는 않았던 일에서 뜻밖의 결과가 나온 다음 밀려든 감정은 부담감이었다.
'이제 어떡하지?'
처음엔 두뇌 회로가 살짝 정지된 듯도 했다. 하지만 곧 대차게 마음을 가다듬었다.
'이왕 이렇게 됐으니 제대로 준비하자!'

국내 면접에서 선발됐다고 IOC 선수위원이 되는 것이 아니다. 올림픽 기간 동안 현장에서 전 세계 선수들에게 표를 받아야 최종 당선이 결정된다. 나는 다시 국가대항전에 나가게 된 것이다. 선수로서 은퇴한 지 몇 년이 지나, 행정가로서 다시 국제대회 무대에 올라섰다.

IOC 선수위원으로 최종 선발되는 과정은 결코 만만치 않다. 대충 준비하다가는 어렵게 잡은 기회를 날릴 거 같았다. 국내 면접에서 내가 선택된 만큼 그 책임감도 가져야 했다. 그래서 회사에 양해를 구하고 본격적인 선거 준비에 돌입했다.

우선 영어학원부터 등록했다. 강남역에 있는 영국식 영어를 가르치는 학원이었다. 학원을 찾으면서도 한 번 더 생각했다. 전통적으로 IOC의 본거지는 유럽이다. 그렇다면 유럽식 영어, 즉 브리티시 잉글리시를 배우는 것이 유리하다고 판단하고 찾은 학원이었다.

인텐시브 코스에 등록해 매일 반나절 동안 수업을 들었다. 탁구 훈련을 하던 때로 돌아가, 영어 공부도 그렇게 해야 한다고 마음먹었다. 그러면서 IOC에 대한 정보도 습득하고 영어 프레젠테이션과 회화 연습을 집중적으로 했다. 틈틈이 유튜브에서 IOC 관련 영상도 찾아보며 분위기를 파악했다.

국내 면접은 2015년 8월이었고 IOC 선수위원으로 최종 선정되는 것은 2016 리우 올림픽 때였다. 1년이 조금 안 되는 준비 기간이 주어진 것이다. 나는 2015년까지 지도자 생활과 병행하다가 2016년 1월부터 본격적인 준비에 돌입했는데, 약 6~7개월 동안 온통 선거 생각만 했던 거 같다.

목표는 무조건 당선이었다. 선거를 준비하는 동안 매일

어떻게 해야 당선이 될까를 고심했다. 그럴 때 한 가지는 분명했다. 영어는 무조건 해야 한다는 것.

   IOC 선수위원은 영어로 메시지를 전달하고 소통이 되어야 한다. 선거운동을 할 때도 나를 어필하려면 영어는 필수였다. 선수 시절 해외 리그를 돌며 자연스럽게 영어를 접했지만 그걸로는 충분하지 않았다. 단순한 소통을 넘어 내 진심과 의도를 정확하게 전달할 수 있어야 했다. 서른이 넘은 나이에 깊은 마음을 표현할 수 있을 정도로 타국의 언어를 습득한다는 게 쉽지 않았다. 빨리 늘지 않는 실력에 좌절하기도 했지만, 내게는 선택지가 없었다. 매일 영어 속에 빠져 있다는 마음으로 공부했다.

   그렇게 본격적으로 공부를 시작한 지 얼마 되지 않아 실전 테스트(?)를 해볼 기회가 생겼다. 2016년 2월, 평창 올림픽 테스트 이벤트를 겸한 '2016/17 FIS 프리스타일 스키 월드컵'이 개최됐는데 이 자리에 초대를 받은 것이다. 당시 2018 평창 동계올림픽 조직위원장이었던 조양호 회장께서 나를 불러 사람들에게 소개를 시켜주셨다. 그러더니 갑자기 영문 책자를 보여주며 "이거 해석해 봐"라고 하셨다. 낯선 사람들 앞에서 갑자기 영어를 해석해 보라니 당황했지만 그동안 공부한 것을 바탕으로 뜨문뜨문 읽어봤다.

그런데 회장님은 단호하면서도 따뜻한 목소리로 말씀하셨다.

"이 정도는 확실하게 해야 해! 그래도 짧은 시간에 많이 했네. 노력하면 분명히 잘할 수 있을 거야."

그날의 장면은 나에게 자극도 동기 부여도 많이 된 순간이었다.

그렇게 준비를 마친 후 마침내 여름을 맞이했다. 2016 리우 올림픽의 개막은 8월 5일, IOC 선수위원 선거 기간은 조금 이른 7월 24일부터 시작해 8월 18일까지였다. 올림픽 전에 선수들이 먼저 입소를 시작하므로, 선거는 조금 빠르게 시작되는 것이었다.

개막 13일 전에 리우행 비행기에 몸을 실었다. 대한체육회에서는 일찍 가면 선수들이 많이 도착하지 않았을 테니, 본진이 출발하는 7월 29일에 함께 가는 것이 어떠냐고 제안했다. 나는 고개를 가로저었다.

"아닙니다. 선거운동은 하루라도 더 해야죠. 24일부터 시작되는데, 한 명이라도 먼저 와 있으면 한 번이라도 더 보는 게 표 받는 데 유리합니다."

그렇게 본진보다 먼저 출국했다. 출국장에서 우연히 유도 대표팀을 만났는데 상파울루에서 전지훈련을 하고 리우로 넘어간다고 했다. 기자들이 유도 대표팀을 따라다니며 사진을 찍고 있길래 조용히 혼자 빠져나와 비행기에 올랐다.
'IOC 선수위원 후보자 24명 중 인지도 세계 최하위.'
당시 언론에서 내보내고 있던 기사였다. 기자들이 나에게 관심을 보일 리 만무했다. 리우로 향하는 비행기 안에서 나는 다시 한번 다짐했다.
'원 모어. 한 표라도 더 받는다.'

서른 시간이 넘는 비행 끝에 리우에 도착했다. 예상했던 대로 선수촌 주변은 아직 공사가 한창이었다. 개막 13일 전이었으니 어수선한 게 당연했다. 하지만 현지에 도착하자 지금부터는 실전이라는 생각이 들었다. 선수 시절과는 또 다른 긴장감이 올라왔다.
곧바로 선거 사무실부터 찾았다. IOC 선수위원 후보자라고 밝히자, 담당자가 몇 가지 지침을 알려주었다. 그리고 다음 날인 7월 24일 오전 7시부터 공식적인 선거운동이 시작되었다.

그 순간부터 나는 한 표라도 더 얻기 위해 혼신의 힘을 다하기로 마음 먹었다. 국내 면접 때처럼 결과가 어떻게 나더라도 할 수 있는 최선을 다해 후회는 남기지 말자고 다짐했다. 누군가는 유창한 말솜씨로, 누군가는 화려한 커리어로 주목을 받겠지만 나는 '얼마나 진심이냐'를 보여주고 싶었다. 나에게 부족한 것을 의식하기보다 내가 가장 잘할 수 있는 방식으로 꾸밈없이 진심으로 다가가는 것이 정답이라고 생각했다.

선거운동 기간 동안 옷도 매일 같은 것을 입었다. 대한민국 선수단에서 나온 단복이었는데 한 벌은 지급받고, 한 벌은 따로 구매했다. 여기엔 내 나름의 전략이 있었다. 동양인은 서양인들의 눈에 모두 비슷하게 보일 테니, 나를 각인시키기 위해 일부러 옷차림을 통일한 것이다. 안에 입을 와이셔츠까지 같은 색깔로 열 벌을 사서 들고 갔는데, 옷은 매

2016년 7월 30일

2016년 7월 29일

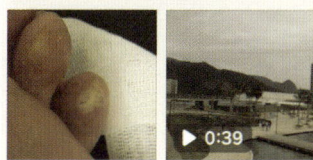

선거운동 시기 사진첩

일 같아도 신발은 중간에 바꿔야 했다. 처음에는 정장 구두를 신었는데, 종일 걸어 다니다 보니 발에 물집이 잡혀 결국 운동화로 갈아 신었다. 그렇게 리우에서 나는 홀로 특별한 올림픽에 참가하기 시작했다.

아직도 그날이 생생히 기억이 난다. 2016년 7월 24일. IOC 선수위원을 향한 공식 선거운동 첫날이었다. 이른 아침 숙소에서 나와 선수촌으로 향했다. 설레기도 하고 긴장도 됐다. 해본 적 없는 일이었다. 아무도 없는 고요한 길을 걸으며 짧은 영상을 찍었다. 이때의 순간과 마음을 남기고 싶어서였다.

선수촌에 도착해 보니 텅 비어 있었다. 아직 많은 부분이 채워지지 않은 시기였다. 천천히 돌아보며 분위기를 탐색하는 중에 한 무리의 선수들이 보였다. 일단 다가갔다. 어느 나라에서 왔냐고 물으니, 남아프리카공화국 여자 축구팀이라고 했다. 인원을 세보니 20명이 넘는 대군단이었다.

자연스럽게 대화를 이어갔다. 그러다 실은 나 IOC 선수위원 후보자인데 나를 뽑아줄 수 있냐고 말을 잇자 너무나 흔쾌히 "Of course!"라는 답이 돌아왔다. 다음 날, 그들은 선수촌을 다니고 있던 나를 보고는 달려왔다. 그러고는 너에게 투표를 했다고 알려줬다.

남들보다 조금 일찍 시작한 선거운동의 성과가 첫날 바로 나온 것이다. 출발이 좋았다. 역시 본격적인 선거운동 시작 전에 현지에 도착해 있기를 잘했다는 생각이 들었다. 긴장됐던 마음에 자신감이 붙기 시작했다.

그때부터 마치 부스터를 단 것처럼 선수촌을 돌아다니기 시작했다. 선수 한 명이라도 더 보자는 생각이었다. 그러다 한번은 삼성화재 배구단에서 뛰었던 캐나다 배구선수 가빈 슈미트를 만났다. 같은 삼성 스포츠단 소속이라 오며 가며 자주 만났던 사이였다. 그를 보자 반가운 마음이 들어 말을 건넸다.

"어, 너 뭐하러 왔어?"
"나 캐나다 대표로 출전했지."
"그럼 나 좀 뽑아줘."

선거운동 중 친해진 타국의 선수들

"알겠어!"

그렇게 아는 사람도 만나고, 한 번도 본 적 없는 사람들도 만나면서 한 표 한 표를 모아갔다. 미국 체조팀에 시몬 바일스라는 선수가 있다. 세계적으로 유명한 선수인데, 처음에는 내가 인사를 해도 시큰둥했다. 하지만 매일 웃으며 다가가 인사를 건네자 점점 반응이 달라지더니 결국 투표까지 해줬다. 또 일본 선수들은 내가 아침, 점심을 거르며 선거운동을 하는 걸 보고 간식을 챙겨다 주기도 했다.

그렇다고 사람들의 반응이 늘 호의적인 것만은 아니었다. 어느 날은 선수들이 시합 다니는데 왜 귀찮게 방해하냐는 항의를 들었다. 상처가 됐지만 나도 선수였으니 이해했다. 그래도 마음이 상하는 건 어쩔 수 없었다. 오늘은 그만해야겠다 하고 터벅터벅 걸어가는데 누군가 뒤에서 내 팔을 잡더니 자기 쪽으로 돌려세웠다. 돌아보니 아프리카 선수가 서 있었다. 또 항의받으려나 싶어 속상해지려고 하는데 그가 나를 보더니 말했다.

"내가 3일 동안 너를 지켜봤는데……."

"그래, 왜?"

"네가 선수들에게 늘 밝게 인사하고 응원해 주는 게 너무 감동적이더라. 내가 우리 대표팀 단장인데 우리 선수들을 다 데리고 가서 너한테 투표할게!"

그 말을 듣자 그동안 힘들었던 모든 순간이 다 보상받은 기분이었다. 기운이 안 날 수가 없었다.

숙소로 향하던 발길을 돌려 다시 선수촌 곳곳을 누비기 시작했다. 누군가의 진심 어린 한마디에 다시 움직일 힘을 얻은 것도 오랜만이었다. 그렇게 사람들을 만나고 설명하고 인사를 건네며 선거운동을 했다.

또 하나의 잊을 수 없는 에피소드가 있다. 우리나라 탁구는 예전부터 북한 선수들과 교류를 많이 했다. 그래서 선거운동 기간에 북한 선수들을 만날 때면 투표 좀 해달라는 말을 계속했다. 그런데 마지막까지 오렌지색 스티커가 붙어 있지 않았다.

선수들이 투표를 하면 출입증에 오렌지색 스티커를 붙여줬기 때문에 투표 여부를 한눈에 알 수 있었다. 그때는 정말 서운했다. 물론 국가적인 상황이 있기는 하지만, 누구를 뽑았는지는 알 수 없는데 해줄 수는 없는 것일까 싶은 마음이 들었다. 서로 알고 지낸 시간이 얼만데 싶었다.

그런데 마지막 날 고등학생 정도 되어 보이는 북한 선수 3명이 나에게 관심을 보이며 다가왔다. 나는 으레 밝은 얼굴로 인사했는데 그 친구들이 지나가면서 스티커를 슥 보여줬다. 투표했다고. 그 3표의 의미는 남달랐다. 나는 이로써 결과와 상관없이 이겼다고 생각했다. 나중에 알고 보니 다이빙 선수들이었다.

다시 한번, 원 모어 정신으로

그렇게 하루하루가 지나갔고 8월 5일 개막식 날이 다가왔다. 그날은 내 생일이기도 했다. 어김없이 유세를 하고 있는데 어디선가 벌이 날아와 목 근처를 쐈다. 자세히 보니 목에 침이 박혀 있었다. 너무 아파서 의무실에서 치료를 받았다. 의료진은 침을 뽑아주며 하루 정도는 푹 쉬라고 했다. 처치가 끝났는지를 물어본 후 나는 선거운동을 하러 나가 보겠다고 했다.

"너 미친 거지? 지금 안 쉬면 큰일 나!"

목에 붕대를 감고 다시 선거운동을 하자 다른 후보들이 나를 말렸다. 하지만 그럴 시간이 없었다. 한 번이라도 더 눈도장을 찍어야 마지막 순간에라도 나를 떠올려 줄 것 같았다.

그렇게 다니다 보니 매일 같은 옷을 입고 종일 돌아다니는 나를 자원봉사자로 오해하는 사람들도 있었다. 하루에도 몇 명씩 "화장실이 어디예요?"라고 물었는데 그러면 따라오라고 하면서 화장실 앞까지 안내해 주었다. 리우 올림픽 때 나만큼 선수촌을 잘 아는 사람은 없었다. 심지어 선수촌 관계자보다 더 훤히 알고 있을 정도였다.

그러면서 출입증을 보고 'Aa'인지 'Ao'인지를 확인했다. Aa만 투표권자인 선수들이고, Ao는 코치들이었다. 나는 Aa를 확인하면 "사실은 자원봉사자가 아니고 IOC 선수위원 후보자인데 나 좀 뽑아달라"며 부탁했다. 그러면 대부분의 사람들이 그러겠다고 했다. 그렇게 하나씩 표를 얻어갔다.

또 어느새 나에게는 특별한 별명이 붙어져 있었는데, 바로 '미스터 투애니포세븐'이었다. 무슨 뜻인가 물어보니, 매일 같은 옷을 입고 매일 아침 7시부터 가장 늦게까지 돌아다닌다고 해서 부르는 별명이라 했다. 타국에서 전혀 모르는 사람들이 나도 모르게 붙여준 별명이 신기하기도 했고, 그들 눈에 내가 어떻게 보였을지 한 번에 알 수 있는 별명이기도 해 고마운 마음이 들었다.

당시 내가 선수촌을 얼마나 걸어 다녔는지를 보니 하루 이동 거리가 평균 25km에 달했다. 어느 순간부터는 내가 선수촌의 명물이 되어 있었다. 세계 각국의 선수들이 내가 어느 나라의 누구인지를 다 알 정도였다. 그렇게 많은 이들이 점점 내 존재를 알게 되었고 선거운동을 하는 동안 체중이 5kg이나 빠질 정도로 강행군을 했다.

선수로서 극한의 훈련을 경험하고 올림픽 메달리스트이기도 했기에, 선거운동 기간 동안 그렇게 힘들 줄은 예상하지 못했다. 그러면서 새로운 도전에는 설렘과 두근거림만 있는 것이 아니라, 충분한 난관도 거쳐야 한다는 걸 깨달았다.

하지만 사람과 사람이 만나 마음을 나누는 일은 에너지가 드는 만큼 의미가 있는 과정이기도 했다. 리우에서 나는 단순히 선거운동을 한 것이 아니라, 사람의 마음을 얻는 법을 배우고 있었다.

또 누군가의 선택을 받기 위해 노력하는 과정에서, 내가 어떤 사람이고 어떤 사람이 되고 싶은지에 대해 깊게 생각해 보는 계기도 됐다. 진심으로 나를 설명하고 알리기 위해서는 자신을 계속해서 돌아보지 않으면 안 되었기 때문이다. 우리가 살면서 이렇게까지 스스로를 돌아보고, 질문하고, 답을 찾기 위해 고심하는 기회가 얼마나 있을까? 빠르게 흘러가는 하루하루를 잘 보내기에도 급급했던 일상에서, 이 시간은 나에게 귀중한 자산이 되어줄 것이 분명했다.

470km, 67만 보가 만든 새로운 여정

드디어 IOC 선수위원 최종 당선자가 결정되는 날이 밝았다. 눈을 뜨고 차분히 있는데, 마음이 개운했다. 할 수 있는 모든 것을 다 했고 결과와 상관없이 이미 많은 것을 얻었다는 생각이 들었다. 나는 발표장에 가지 않았다. 휴식도 절실했다. 결과가 발표되는 그 시각에 수영장에서 기자님이 선물해 준 책을 읽으며 조용히 기다렸다.

고요하던 수영장에 벨 소리가 울렸다. 핸드폰을 켜자마자 "빨리 오세요!"라는 다급한 목소리가 들려왔다. 멀리 환호하는 소리들이 뒤섞여 있었다. 발표 현장에서 두 번째로 내 이름이 호명되던 순간이었다.
'내가 IOC 선수위원으로 최종 선정됐다.'
곧바로 달려갔다. 24명의 후보 중 최종 당선된 4명과 함께 공식 사진을 찍었다. 정말 된 건가 싶을 정도로 그 순간이 살짝 비현실적으로 느껴지기도 했다.

그 시각 한국에서는 '대한민국의 또 하나의 금메달'이라는 제목이 붙은 기사들이 쏟아지고 있었다. '예상을 뒤엎은 깜짝 당선'이라는 타이틀이 주를 이뤘다. 만약 내가 유명세가 있어서 누가 봐도 될 거라고 예상했다면 그런 반응은 없었을 것이다. 인지도가 매우 부족하다는 평가를 들으면서 이뤄낸 성과라 반응이 더 컸던 것 같다.

그렇게 나는 새로운 여정의 출발점에 섰다. 그 20일 동안 걸었던 거리를 계산해 보니 470km, 총 67만 보였다. 예전에 한 유튜버가 부산에서 14일 동안 걸어가는 챌린지를 했는데 61만 보가 나왔다고 영상을 올린 것을 본 적이 있다. 그것과 비교하면 나는 선거 기간 동안 부산에서 14일 동안 걸어간 것보다 더 많이 걸은 셈이었다. 물론 그 수치보다 더 중요한 건 그 한걸음 한걸음에 실려 있던 진심이었다.

선수 시절에는 상대를 이기는 것이 목표였다면, IOC 선수위원 선거 때는 사람들의 마음을 얻는 것이 중요했다. 선거를 치르면서 마음을 얻는 것이 얼마나 힘든지 매일 경험했다. 그러면서도 진심을 다하면 가능하다는 것도 알게 됐다.

선거운동 기간 동안 이른 새벽, 한숨 더 잘까 하는 생각이 든 적도 있었다. 하지만 그럴 수 없었다. 나에게 그건 최선을 다하지 않았다는 의미니까. 그럼 어떤 결과든 분명히 후회하며 자신을 용서하지 못할 것이었다.

선거운동이 끝나고 한 선수가 나에게 이런 말을 했다.
"사실 너 말고 나머지 세 명이 누가 될지 고민했었어. 넌 무조건 될 거라고 생각했고. 네가 뽑히지 않는다는 건, 그건 말이 안 되는 거였어."
그 말을 들으면서 나는 20일 동안의 노력과 땀방울이 헛되지 않았음을 알았다.

당선 기념 인터뷰에서 "일을 열심히 하는 선수위원이 되고 싶다"고 했다. 이후 선수위원으로 8년을 보내면서 나는 그 약속을 지켰다.
2024 파리 올림픽 폐막 총회에서 토마스 바흐 IOC 위원

장은 나에게 '하드워커(Hard Worker)'라는 별칭을 붙여주며 나의 수고를 언급했다. 그 순간, 당선 직후의 마음가짐이 지난 8년간 잘 이어졌구나, 싶은 생각이 들었다. 그리고 그 노력이 조금은 빛을 본 것 같아 감사했다.

처음 보는 익숙한 세상

초등학교 2학년 때 정식으로 탁구에 입문한 후 2014년에 은퇴할 때까지 내 세상의 중심에는 언제나 탁구가 있었다. 은퇴 후 지도자 생활을 할 때만 해도 나는 앞으로도 탁구가 내 삶의 중심축이 될 거로 생각했다.

그러다 IOC 선수위원에 도전하게 됐고, 그 자리에서 전혀 생각하지 못했던 세계를 발견했다. 처음에는 최선을 다하자는 마음뿐이었는데 그렇게 옮긴 한 걸음이 내가 알지 못했던 다른 세상의 문턱을 넘게 해줄 줄은 몰랐다.

2016년 9월, 나는 IOC 선수위원으로서 첫 출장을 떠났다. 베트남 다낭에서 열린 아시안 비치 게임이 열렸는데, 그 기간 중 OCA(아시아올림픽평의회) 총회가 열려 참석하는 일정이었다. 나는 토마스 바흐 IOC 위원장과 함께 베트남에 입국했다.

첫 출장인 것을 알게 된 위원장이 내 자리로 찾아왔다.

"돈 비 샤이(Don't be shy)."

부끄러워하지 말고 선수 대표로서 적극적으로 목소리를 내라는 의미였다.

그 짧은 한마디가 어찌나 머리에 깊게 박히던지 그 말은 이후 8년간 IOC 선수위원으로 활동하면서 나를 움직이게 하는 강력한 동기가 됐다.

같은 해 11월, 스위스 로잔에서 열린 IOC 공식 회의에 처음 참석할 때도 그 말이 가장 먼저 떠올랐다. IOC는 매년 11월 '커미션 위크(Commission week)'라는 것을 한다. 약 30개가 넘는 분과위원회가 몇 주에 걸쳐 회의를 진행하며 주요 안건을 다루는데, 커미션 위크는 IOC에서 총회 다음으로 중요한 행사이다.

이때 새로운 IOC 위원들에게는 오리엔테이션 형식의 '멤버 에듀케이션'이 제공된다. 이 교육을 받으며 IOC의 구

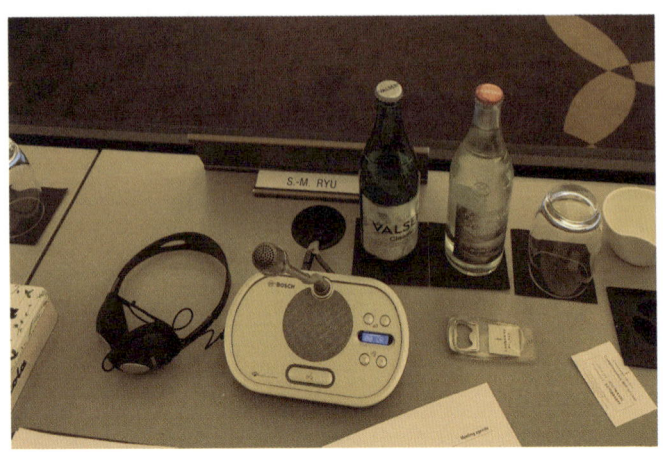

회의장 모습

조와 역할이 예상보다 훨씬 광범위하다는 것에 놀랐던 기억이 있다. 그런 과정을 받고 있으니 교육 첫날 내가 정말 IOC 위원이 된 게 맞구나, 싶은 생각이 들었다.

그렇게 설레기도 하고 약간은 긴장된 마음으로 회의를 기다리고 있었다. 회의장으로 내려가 한 발 들이는데, 공기가 달라지는 것이 느껴졌다. 다양한 국가의 위원들이 서로서로 친근하게 인사를 나누고 있는 모습이 보였는데, 낯선 풍경이었다.

유럽을 중심으로 구성된 IOC는 이미 네트워크를 탄탄히 다진 사람들이 많았다. 그들은 서로 자연스럽게 인사를 나누고 대화를 이어갔다. 하지만 나는 그런 네트워크가 전혀 없었다. 선수로 뛰는 동안 국제대회에 나가며 많은 외국 선수들과 교류했지만, IOC는 전혀 다른 분야였다. 나는 완전히 다른 세계에서 툭 떨어진 초보 위원으로 그곳이 있었다. 아는 사람 한 명 없는 공간, 갑자기 집에 돌아가고 싶다는 생각이 들었다.

그런데 IOC에서 나에게 주어진 역할을 제대로 수행하려면 회의에서 목소리를 내고, 사람들과 네트워크를 형성해야 했다. 바흐 위원장의 말이 떠올랐다.

'부끄러워하지 않으려면 적극적으로 움직여야 한다.'

아무리 마음을 단단하게 먹어도, 처음에는 적응하느라 고생을 해야 했다. 그나마 선수위원회 회의는 상대적으로 편하고 부담도 적었다. 나와 같은 선수 출신들이 모여 있었고, 그들 역시 나처럼 스포츠를 기반으로 성장해 온 사람들이었다. 선수 시절에 접했던 이슈를 다루고 있어 조금은 편안하게 회의에 참여할 수 있었다.

후안 안토니오 사마란치 명예위원장과의 오찬

하지만 다른 분과위원회 회의는 어려웠다. 다루는 주제도 복잡했고, 기존 위원들은 이미 몇 년 동안 함께해 온 사람들이라 그 틈에서 내가 할 수 있는 것을 찾아내는 것도 쉽지 않았다. 결국 답은 최대한 많은 사람들과 교류하며 빨리 적응하는 거였다. 선거운동을 했을 때를 떠올렸다. 다시 사람들에게 다가갔다.

환경적으로 적응해야 할 것들도 많았다. IOC의 회의 방식에도 익숙해져야 했는데, 500~600명 이상의 위원이 한

가까워진 IOC 선수위원들

꺼번에 참석하는 커미션 위크는 단순한 회의가 아니었다. 대부분 각자의 일정이 있어 스케줄을 조율해 가며 참가하고, 분과별로 진행되는 회의들을 효율적으로 소화해야 했다.

나는 IOC 선수위원회 외에도 2024년에는 올림픽프로그램위원회, 인권자문위원회, 교육위원회, 지속가능성 및 유산위원회, LA 올림픽 조정위원회 등 여러 위원회에 참여했다. 솔직히 처음에는 내용을 파악하고 따라가기도 바빴다. 하지만 시간이 지날수록 점점 IOC의 핵심적인 역할을 이해하게 됐다.

IOC에는 현재 30개가 넘는 분과위원회가 있다. 처음에 나는 마케팅위원회, 선수관계자위원회, 선수위원회 이렇게 세 개의 분과에 배정되었다. 첫 공식 회의에 참석했을 때 오리엔테이션을 포함해 열흘간 미팅을 이어갔는데, 그때 마음을 단단히 먹지 않으면 이 안에서 버텨낼 수 없겠다는 생각을 했다. 주변 사람들 모두 어디에 가도 알아줄 정도로 쟁쟁한 사람들이었다. 정신 차리지 않으면 여기서 절대 살아남지 못하겠다는 생각이 절로 들었다.

당시 나의 첫 번째 난관은 영어였는데, IOC 선수위원 선거를 준비하면서 영어 준비에 많은 공을 들였지만, 그걸로는 부족했다. 특히 너무한 것은 현장에서 마주한 수많은 줄임말. IOA(국제올림픽아카데미), AIPS(국제스포츠기자연맹), FEI(국제승마연맹) 같은 줄임말이 난무하는데 심지어 같은 말이라도 종주국에 따라 명칭이 달라 극도로 혼란스러웠다.

낯선 세계, 혼란 속 나를 지키는
한마디의 힘

회의를 소화하는 것만으로도 쉽지 않았다. 아침 9시부터 저녁 6시까지 꼼짝없이 앉아서 회의를 하는데 정말 놀랐다. 커피 타임을 제외하고는 계속되는 토론과 발표 그리고 정책 논의들이 이어졌다. 쏟아지는 말과 문서 속에서 처음 며칠은 무슨 말을 하는지, 어떤 내용인지 따라가기도 벅찼다. 하지만 포기할 수 없었다.

'IOC 위원이라고 보내준 1등석 비행기 타고 여기까지 왔는데, 영어 듣기 평가만 하고 갈 수는 없잖아. 부끄러워하지 말자!'

우선 회의마다 반드시 한마디는 꼭 하기로 다짐했다. 내용이 완벽하지 않더라도, 일단 내 의견을 표현하는 것이 중요했다. 회의록을 보면 내가 첫 회의에서 했던 발언이 기록되어 있을 텐데, 아마 정곡을 찌르는 발언은 아니었을 것이다. 그래도 무조건 한마디를 한다는 것이 중요하다고 생각했다. 그것이 IOC 위원으로서 시도한 첫 번째 도전이었다.

그렇게 몇 차례 회의를 했더니 점차 사람들이 나를 기억하기 시작했다. 그러면서 분과위원회 활동도 늘어났다. 처음에는 3개로 시작했지만, 나중에는 7개까지 늘어났다. 적극적인 태도가 인정받은 결과였다. 그 뒤 나는 아시아 최초로 IOC 선수위원회 부위원장에 선출되었고, 국제탁구연맹(ITTF)과 아시아올림픽평의회(OCA)에서도 여러 역할을 맡게 되었다. 자연스럽게 할 일이 많아지고 있었다.

사실 회의보다 더 힘든 일정은 따로 있었다. 공식적인 회의가 끝난 후의 네트워킹이었다. 서양 스타일의 리셉션은 커피 한 잔을 들고 1시간 반 동안 서서 대화하는 방식이었는데, 시차 적응도 안 된 상태에서 긴 시간 회의 때문에 정신이 없는데 또 사람들을 찾아다니며 말을 걸어야 했다.

이런 네트워킹은 식사 자리에서도 이어졌다. 공식 일정이 끝나도 선수들끼리 와인 한잔하러 가자고 하면, 그들과 관계를 맺기 위해 같이할 수밖에 없다. 그렇게 새벽 1시까지 일정을 소화하고, 아침에는 다시 회의장으로 향했다. 아침 8시에 양복을 입고 나갔다가 밤 12시에 들어오면, 양복을 벗고 잠을 자고 다음 날 아침 다시 그 양복을 입고 나가는 생활이 반복됐다. 회의가 끝없이 이어지기 때문에 다른 옷을 입을 시간 따위는 없었다.

처음에는 힘들었다. 시차도 언어도 다른 곳에서 긴장 상태로 있으면서 에너지는 굉장히 많이 소비됐고, 그만큼 엄청나게 피로했다. 하지만 그 문화에 적응해야 했다. 그렇게 하지 않으면 살아남을 수 없었다. 첫 공식 회의로 참석했던 그 열흘은 지금도 잊을 수 없는 기억이다.

IOC 위원의 업무

선수 시절에는 국제대회 참가를 위해 출국하면 시차 적응을 위해 아침 산책을 하거나, 낮잠을 자며 컨디션을 조절했다. 특정일에 경기가 있다면 첫날은 늦게 자고, 다음 날은 낮잠을 덜 자는 방식으로 시차 적응을 해나갔다.

그런데 IOC 위원으로 활동이 시작되자, 그런 일정은 사라졌다. 전 세계 어디든 도착하자마자 밤늦게까지 회의를 했고, 다음 날 아침 8시부터 다시 움직여야 했다. 시차 적응할 틈도 없이 곧바로 업무에 투입되는 것이다.

IOC 회의 일정은 오리엔테이션과 미디어 트레이닝 등록, 각종 분과위원회 회의, 선수위원을 위한 별도 워크숍, 직능 개발 세션 등으로 꽉 차 있다. 열흘 동안만 해도 엄청난 양의 업무를 소화해야 하는데, 모든 일정은 철저하게 정리되어 위원들에게 전달된다. IOC 위원 누구라도 이 일정에 맞춰 움직여야 하며, 개인적인 여유 시간은 거의 없다.

그러면서 IOC 위원이라는 자리의 실체(?)를 알았다. 외부에서 보기에는 화려할지 몰라도, 실제로는 끊임없는 회의와 업무 속에서 바쁘게 움직여야 한다는 것. 해외 출장 기회가 많은 것은 맞지만 외유처럼 즐길 수 있는 건 아니었다. 국제 스포츠 행정에서 중요한 역할을 수행하는 만큼 노력과 헌신 그리고 각별한 책임감이 요구되는 자리가 IOC 위원이었다.

대중들에게 IOC 위원 하면 가장 많이 떠오르는 이미지가 올림픽 때 메달을 수여하는 장면일 것이다. 그런데 메달 수여는 수없이 많은 업무 중 작은 일부분일 뿐이다. 의전은 아주 단편적인 모습일 뿐, 실제로는 국제 스포츠 행정에 대한 광범위한 이슈를 다루고 스포츠 발전을 위해 끊임없이 고민해야 하는 자리다.

나는 IOC 선수위원으로 활동하는 동안 IOC에서 어떤 활동을 하는지, 그 활동이 어떤 의미를 갖는지 더 많은 사람들에게 제대로 알려졌으면 좋겠다는 생각을 했다. 현재 8년간의 임기는 끝났지만 지금 이 순간에도 보이지 않는 곳에서 묵묵히 일하고 있는 이들이 많다는 걸 알기에, 그들의 활동이 더 의미 있게 전달되기를 바라며 간략하게나마 소개를 하고자 한다.

무대 밖의 설계자들

올림픽이라고 하면 대부분 드라마와 같은 승부, 선수들의 세리머니, 관객들의 환호 등을 떠올린다. 물론 올림픽을 준비하는 사람들도 이런 모습을 보여주기 위해 많은 노력을 하고 있다. 그런데 그 감동적인 축제가 얼마나 많은 시간 동안 수많은 사람들의 노고를 통해 만들어지는지는 나도 IOC 위원이 된 후에나 제대로 알게 됐다.

세계 각국의 선수들이 올림픽 참가나 금메달을 목표로 훈련에 매진할 때, IOC 위원회는 긴 시간 동안 수많은 회의와 조율을 거쳐 올림픽을 준비한다.

IOC 위원은 정원이 총 115명이다. 그중에서 유일한 선출직으로 선수들이 직접 뽑는 선수위원회 카테고리는 15명, 임기는 8년이다. 하계에서 4명, 동계에서 2명으로 구성된다. 이렇게 직접 올림픽에 참여했던 선수 출신의 후보가 올림픽에 참여한 선수를 통해 선출되므로 IOC에서는 가장 막강한 보이스를 가지고 있다.

다음으로 국제 연맹, IFs(International Federations)는 35개가 있다. 하계 28개 동계 7개로 이 중의 대표자 15명으로 구성된다. 그리고 우리로 보면 대한체육회와 같은 NOCs(National Olympic Committees)는 국가올림픽위원회이다. 총 206개가 있는데 이 중에 15장이 주어진다. 그리고 개인 자격(Independent Individuals)은 70명으로 우리나라에서는 예전에 이건희 회장이 활동했다. 카타르 국왕, 영국의 앤 공주 등이 개인 자격으로 활동 중인데, 1966년에서 1999년까지 임명된 위원은 80세까지 자격이 주어지고,

2000년 이후에 임명된 위원은 70세까지가 정년이다.

이렇게 IOC 위원들은 다양한 분야에서 다양한 배경을 가진 사람들이 모여 동등한 지위를 가지고 교류한다. 이렇게 형성된 네트워크는 세계적으로 그 어떤 조직보다 강력하다고 생각한다. 올림픽에 출전했던 선수와 경제인 그리고 국왕이 같은 자격으로 함께 교류하는 조직이 쉽게 볼 수 있지는 않을 테니까.

내가 현재도 소속되어 있는 지속가능성 및 유산위원회 회의에서도 수많은 토론이 이루어지는데 위원장이 모나코 국왕 알베르 2세이다. 우리는 회의 때마다 격의 없이 소통 중이다. 또 2023년 IOC 총회는 인도에서 개최되었는데, 이때 세계에서 가장 비싼 집이라고 불리는 곳도 가보았다. 뭄바이에 있는 '안틸라'에서 환영연이 열렸는데, 인도의 유일한 여성 IOC 위원인 니타 암바니의 집이었다. 나와 같은 올림픽 교육위원회 소속으로 자주 활동하던 사이였는데 집을 보고 깜짝 놀랐던 기억이 있다.

그러다 보니 나도 IOC 총회나 회의에 참석할 때면 캐리어가 1개로 부족했다. 최소 2개에서 3개씩 준비해서 공항으로 향했는데, 내 물건이 담긴 게 아니었다. 대한민국을 알릴 수 있는 선물을 가득 담아, 세계 각국의 위원들에게 전했다. 내가 할 수 있는 적극적인 교류의 방법이었다. 그런 시간이 잦아지자 언젠가는 산타클로스냐는 말도 들었는데, 모두가 기대하는 마음으로 나를 지켜보던 기억이 있다.

선물은 대한민국을 대표하는 것들로 신중하게 선정했다. 화장품이나 마스크팩, 홍삼 등이었는데, "그냥 가지고 가세요"가 아니었다. 반드시 짧게라도 편지를 써서 내 진심을 담았다. 그리고 받아 본 사람들이 감동하던 그 모습은 지금도 선명하다. 선물의 힘이어서가 아니다. 작은 마음의 힘이 큰 파장으로 이어지는 모습이 눈으로 보였기 때문이다. 나도 많은 것을 배운 시간이었다. 수저 세트에 IOC 위원들 이름을 각인해서 선물을 하기도 했는데, 지나고 보니 좋은 추억이 되었다.

이때의 경험으로 지금 대한체육회 직원들 생일은 꼭 챙기고 있다. 280명의 직원들에게 커피 쿠폰과 메시지를 보내고 있는데, 받아 본 직원들이 감사 인사를 전하면 그럴 때 겸사겸사 직원들과 소통도 할 수 있어 참 좋다. 이런 건 누구에게 잘 보이려고 하는 게 아니다. 그냥 내가 할 수 있는 거라

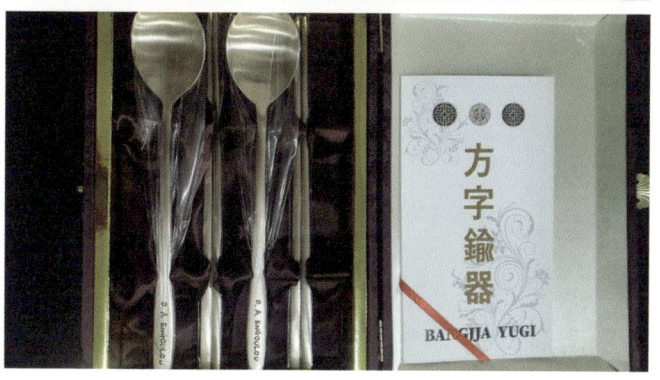

서 하는 거다. 할 수 있는 거라면 일단 해보는 거니까.

IOC의 다채로움

IOC에는 생각보다 많은 형태의 위원회가 구성되어 운영 중이다. 영어로는 커미션(Commission) 우리말로는 분과 위원회라고 하는데, 다채로운 형태로 나뉘어 있는 것이 특징이다. 주제에 따라 크게 스포츠 및 선수 관련, 교육과 사회적 가치, 조직 운영과 윤리, 마케팅 및 디지털, 대회 운영과 개최지 관련 등으로 구성된다.

그 안에서도 팀을 세분화하여 운영하는데, 예를 들어 선수위원회처럼 선수들의 권리를 증진시키기 위한 팀이 있고, 대회가 더 공정하고 지속 가능하게 운영되도록 돕는 팀도 있다.

이때 이 커미션의 멤버 구성과 업무들은 고도로 전문화되어 구성된다. 각 커미션에는 체어라고 부르는 위원장이 있고 그 아래 IOC 위원 및 각 분야의 전문가들이 속해 있는 형태다. 그들은 팀을 이루어 발전적인 아이디어를 도출하고 새로운 정책이나 방향성을 정하는 데 중요한 역할을 한다.

나도 처음 참여했을 때는 무슨 위원회가 이렇게 많나 싶었고, 각 팀들의 특성을 파악하는 데에도 어려움을 겪었다. 그런데 알면 알수록, 이 다채롭고 전문화된 커미션만큼이나 올림픽에 담긴 가치가 크고 다양하다는 뜻이라는 걸 알게 됐다.

또 IOC는 국제적으로도 그 위상이 굉장히 높다. 단순히 스포츠 경기만을 주관하는 조직이 아니다. IOC 분과 중 하나인 윤리위원회 위원장을 반기문 전 UN 사무총장이 맡고 있고, 지속가능성 및 유산위원회의 위원장은 모나코 국왕 알베르 2세가 담당하여 그 역할을 수행 중이다.

또 정치·외교·환경·인권 등 글로벌 이슈에서 논의의 중심에 있는 인물들이 IOC 분과위원회를 이끌고 있는데, 이는 IOC가 세계를 유지하는 질서 속에서 실질적인 영향력을 행사하고 있다는 증거라고 볼 수 있다.

그러다 보니 IOC 위원으로 활동한다는 것은 스포츠계의 일원으로만 일하는 것에 한정되지 않는다. 국제사회와 인

류 공동의 과제에 대한 책임을 나누는 자리이기도 하다.

선수 시절, 올림픽은 나의 무대라는 생각을 가지고 있었다. 금메달을 목표로 매진하는 선수라면 그런 마음으로 뛰어들어야 올림픽에서 승부를 볼 수 있을 거로 생각했다. '선수들은 올림픽 운동의 심장이고 중심이다'라는 말도 있으니까.

IOC 위원으로 참여해 보니, 실제로 IOC 위원회 중 선수 출신들로 구성된 선수위원회가 매우 중요하고 일도 많은 것으로 정평이 나 있는 것을 보았다. 올림픽에 출전한 선수라면, 은퇴 후에도 올림픽에서 주요 역할을 하고 있구나, 싶었다.

선수위원회에서는 세계 각국의 선수들 간에 교류할 수 있는 길을 만들고, 의견 수렴(Consultation) 및 설문조사(Survey) 등을 진행해 현장에서 뛰고 있는 선수들의 의견을 적극적으로 반영한다.

또 선수위원회의 중요한 역할 중 하나는 선수의 권리, 인권, 복지, 안전 등 경기장 밖의 문제도 포괄적으로 다루는 것이다. 경기 일정이나 규정, 안전 등 경기장 내에서의 문제 외에도 관여하는 분야가 광범위했다. 선수들이 어떤 환경 속에서 성장하고 훈련받으며 살아가는지 들여다보는 역할을 직접적으로 하고 있었다.

한번은 괴롭힘, 학대 등을 예방하는 주제에 대해 논의를 할 때, 한국에서 예전에 있었던 선수 폭력에 대한 이야기를 한 적이 있었다. 많은 사람들이 크게 놀라는 반응이었다. 일부 국가에서는 어린 시절 선수들이 맞는 것이 종종 있는 일이었지만, 대부분의 나라에서 그런 문화는 존재하지 않았다.

이런 좋지 않은 관행이나 악습은 공론화를 통해 공개적으로 표출하고 함께 해결책을 논의하는 것이 중요하다. 나는 그 자리에서 이런 상황을 공유했고, 함께 대응책을 논의하며 더욱 건강하고 안전한 스포츠 환경을 만드는 데 조금이나마 기여하고 싶다는 생각을 가졌다. 나는 IOC 위원으로 활동하며 이러한 문제들이 공론화되어 점차 개선되고, 더 나은 문화로 확산되기를 바란다는 이야기를 많이 했다.

최근에는 인권자문위원회(Advisory Committee on Human Rights) 멤버로 합류했다. 이 분야는 아주 민감한 데다 외국의 저명한 전문가들과 논의를 이어가야 하기에 쉽지 않은 영역이다.

인권자문위원회에는 유엔 인권 고등판무관실(OHCHR)에서 온 외부 전문가들도 참여하고 있는데 OHCHR(Office of the High Commissioner for Human Rights)은 유엔 산하에서 전 세계 인권 현황을 감시하고 보호하는 핵심 기구다. 그만큼 인권 분야에서는 세계 최고 수준의 전문성과 기준을 가지고 있다.

솔직히 말해 그런 전문가들과 인권에 대한 이야기를 한다는 것이 버거웠다. 하지만 내 경험을 공유하는 것만으로도 큰 의미를 갖는다는 걸 알게 됐고, 내 이야기를 들은 사람들이 이런 목소리가 중요하다는 걸 인식하는 계기가 된다는 것 자체만으로도 의미가 있었다. 개인적으로 인권 분야는 IOC 내 선수위원회를 넘어 더 큰 틀에서 지속적으로 다루어야 할 문제로 생각하고 있다.

IOC 위원으로서의 임기는 끝났지만, 특정 분과위원회에 남아 활동하는 것은 가능하다. 지금도 나는 6개의 분과위원회 활동을 유지하고 있고 스포츠를 통해 긍정적인 변화를 만들어 가고 싶다는 생각도 여전히 갖고 있다. 비록 작은 목소리지만 지속적으로 필요한 질문을 하고 다른 이들의 목소리를 더 많이 듣는 일, 나는 그것이 지금 나에게 주어진 또 다른 역할이라고 믿는다.

기회에 대한 예의

선수 시절 나는 대표팀 신분으로 올림픽이라는 무대에서 뛰었고, 그곳의 가장 높은 곳에 올라 국가를 들었다. 그것은 나에게 오랜 목표를 이루는 일이었다. 그런데 IOC 선수위원이 되자 그때와는 상황이 달라졌다. '나'라는 개인의 목표보다 수많은 선수를 대표해 올림픽과 관련된 정책을 논의하는 것이 더 중요해졌다.

처음에는 어떻게 해야 할지 막막했다. 국제회의 경험도 없었고, 복잡한 행정 절차도 익숙하지 않았다. 하지만 어떻게든 내 목소리는 내야 한다고 생각했다. 당선된 후 토마스 바흐 위원장과 약 30분간 단독으로 면담할 기회가 있었는데 그때도 그랬다. 부족하지만 내 생각을 솔직하게 전달했고 그런 자세를 8년간의 임기 내내 유지했다.

나는 '일 중독'으로 보일 만큼 거의 모든 회의에 참석했고 회의 출석률은 99%에 달했다. 쉬운 일은 아니었다. 유럽에 있는 위원들은 1~2시간이면 오가는 회의도, 나는 비행기로 열 몇 시간을 날아가 시차를 이겨내며 참석해야 했다. 쉽지 않은 일정이었지만 어렵게 얻은 기회에서 내 역할은 다하고 싶었다.

한번은 오랜만에 가족들과 휴가 일정을 잡아놨는데, 출발 전날 연락이 왔다. 토마스 바흐 위원장이 상의할 게 있으니 와달라는 거였다. 언제 갈까요, 라고 물으니 비행기 표를 보내줄 테니 내일 와달라고 했다. 가족 여행은 취소됐다. 그렇게 8년을 일했고, 코로나 2년을 제외하고도 쌓인 내 항공 마일리지는 100만 마일리지에 달할 정도가 됐다.

IOC 위원이 된다는 건 국제 스포츠계에서 중요한 연결고리가 된다는 뜻이기도 하다. 스포츠계에서 IOC의 위상은 워낙 높기 때문에 다양한 국제기구와 스포츠 단체들은

IOC 위원을 주목하기 마련이다. 예를 들어 아시안게임을 주관하는 OCA(아시아올림픽평의회)의 경우 아시아 출신 IOC 위원에게 집행위원으로 참여할 수 있는 기회를 주고 있다. 내가 몸담고 있는 국제탁구연맹 같은 종목별 연맹에서도 집행위원 등의 역할을 맡아달라는 요청이 들어오기도 한다.

이런 제안이 들어왔던 이유는 내가 IOC 위원이기 때문이었다. 나중에 안 것이지만 이 타이틀이 가지는 상징성은, 내가 가진 경험이나 관점이 다른 조직에도 공유될 수 있게 하는 데 큰 역할을 했다. 그만큼 IOC 위원이란 자리는 사람들이 '신뢰해도 되는 사람'이라고 여기게 되는 기준이 된다.

잘 모르는 사람들은 그냥 이름만 걸어놓는 것 아니냐고 할 수도 있겠다. 하지만 IOC는 그렇게 운영될 수 있는 조직이 아니다. 필요하면 하루 18시간도 일해야 할 만큼 책임과 헌신이 요구된다. 그런데 명예직이기 때문에 월급도 없고 정해진 출퇴근 시간도 없다. 그런데도 국제 스포츠계에 영향을 미칠 수 있는 크고 작은 결정들을 내리는 만큼 공정하고 투명하게 신뢰를 지켜야 하는 것이 바로 IOC 위원들의 몫이다. '직책'보다 '책임'이 앞서는 자리다.

그러다 보니 IOC 위원에게는 국적보다 우선하는 정체성이 있다. 2018 평창 동계올림픽을 준비할 때였다. IOC 관계자들이 한국을 자주 방문했는데, 당시 국내에서 IOC 위원으로서 역할을 할 사람이 사실상 내가 유일했다. 그래서 그들을 맞이하고 응대하는 일을 하느라 하루 24시간이 모자를 지경이었다.

신경 쓸 것이 한두 개가 아니었는데, 의전상의 자리 배치에도 주의를 기울여야 했다. 올림픽과 관련해서 나는 한국인이 아니라 IOC를 대표하는 신분이 된다. 그러므로 한국 측이 아닌 IOC 위원장 또는 조정위원장 옆에 자리가 배치되는 것이 일반적인 프로토콜이다. IOC 위원으로서 일할 때는 출신 국가가 아니라 IOC를 대표하는 사람으로서의 정체성이 요구되는 것이다.

한번은 파리에서 열린 특별 임시 총회에 참석했는데 2024 하계올림픽 유치와 관련된 발표가 있었고, 그곳에 마크롱 대통령이 참석했다. 당시 마크롱 대통령으로부터 공

반기문 전 UN 사무총장과 함께한 행사

식 협조 요청 서한을 받기도 했다.

선수위원회는 어느 위원회보다 회의가 많고, 직접적으로 나서야 할 일도 많았다. 문재인 전 대통령, 반기문 전 UN 사무총장과의 행사와 면담 일정을 소화하기도 했는데, 특히 반기문 전 총장은 IOC 윤리위원회 위원장을 맡고 있어 내심 자랑스러웠다. 그것이 인연이 되어 이후 반기문 기념재단인 '보다나은미래를위한 반기문재단'의 이사를 맡고 있다.

국제 스포츠 행정, 결국 사람 사이의 일

IOC 위원으로 활동한다는 건 결국 수많은 사람들을 만나고 그들과의 인연을 이어가는 일이다. IOC 위원으로 일하면서 만난 수많은 사람들 중 유난히 기억에 남는 사람이 있다.

필리핀의 이안 라리바 선수다. 그는 필리핀 최초로 탁구 선수로서 올림픽 기수까지 한 선수였는데 어느 날 급성 백혈병에 걸렸다는 소식을 들었다. 당시 필리핀 IOC 위원인 마이키 코주앙코 자워스키 위원과 함께 승마 선수 출신이자 필리핀의 국민 배우인 미카일라 호우자코를 만나 라리바 선수의 병문안을 갔다. 투병 중인 그를 위해 모금 활동도 진행하기로 하고 마음을 나누고 돌아왔는데, 다녀온 지 얼마 되지 않아 라리바 선수가 세상을 떠났다는 소식을 들었다.

무언가를 해볼 수 있었는데 아무것도 해보지 못한 것 같았다. 너무나 안타까웠다. 그러면서 IOC 위원이란 자리가 생명과 복지, 인간다운 삶에까지 영향을 미칠 수 있는 자리라는 것을 다시 한번 생각하게 됐다.

IOC의 '커미션 위크'에 참가하면서 수많은 회의에 참석하고 네트워킹을 하면서도 IOC 선수위원으로서 개인적으로 가장 중점을 둔 것이 있다. 바로 선수들의 삶을 개선하는 것이다.

예를 들어 2024 파리 올림픽에서는 선수촌 내 '너서리(Nursery)'를 도입해 엄마 선수들이 훈련과 대회에 집중할 수 있도록 제반 환경을 조성했다. 선수촌 내에서 아이를 케어할 수 있는 프로그램도 만들었는데, 선수도 당연히 부모가 될 수 있고 부모 역시 선수로서 꿈을 이어갈 수 있어야 한다고 생각해 만든 것이었다.

그 외에도 '마인드존(Mind Zone)'을 만들어 선수들이 정신적으로 안정된 상태에서 경기에 집중할 수 있도록 지원하기도 했다. 나는 2028 LA 올림픽 조정위원으로서 올림픽을 준비하는 과정에도 참여하고 있다.

국내에서도 은퇴 이후 선수들이 커리어 전환을 준비할 수 있도록 돕는 프로그램을 도입했다. 현재 IOC에서 '애슬릿 365 케어 플러스(Athlete 365 Career+)' 프로그램의 위원장(Chair)이자 강사로 활동하고 있는데, 이 프로그램은 선수들이 은퇴 이후의 삶을 체계적으로 설계할 수 있도록 실용적인 교육을 제공하는 것이 핵심 목적이다.

2018년 6월, 로마에서 3박 4일 동안 교육을 받고 강사 자격증을 취득해 IOC에서 '선수 경력 전환 강의'를 진행했고 이후 우리나라에도 이 프로그램을 도입해 20대부터 40대까지의 선수들을 대상으로 교육을 실시했다. 교육의 핵심 내용은 자신을 알기(Me map), 이력서(CV) 작성법, 인터뷰·네트워킹 스킬, 일정 관리 등 사회생활의 기초적인 역량을 갖추는 데 초점을 맞췄다.

이 프로그램은 단순히 이론을 전달하는 것이 아니라, 실제 사회에서 활용할 수 있는 모의 면접, 네트워킹, 발표 훈련 등 실습 위주로 구성되어 있는 것이 특징이다. 외국의 교육 방식은 우리나라와 다르게 참여형 학습을 강조하므로 발표, 토론이 주를 이룬다. 예를 들면 교육 초반에 '아이스 브레이킹'을 진행하여 참가자들이 서로를 1분 동안 소개하고, 조별 토의를 통해 상대방에 대해 발표하는 방식으로 진행한다.

이 프로그램에서는 참가자들이 끊임없이 활동하고 참여

하도록 유도하는 것이다. 물론 한국식 교육에 익숙한 우리로서는 처음에는 어색해한다. 하지만 점점 네트워킹의 중요성을 깨달으며 프로그램을 즐기게 된다.

이런 경험이 선수 출신에게 중요한 이유는 성장기 시절 대부분을 운동에 집중하느라 사회적인 기술을 배울 기회가 적었기 때문이다. 그래서 실제 사회생활에 필요한 스킬을 배우는 기회는 은퇴 후의 선수들에게 매우 유용하다.

다만 문제는 이 프로그램을 운영하고 가르칠 수 있는 스포츠 강사들이 국내에 많지 않다는 점이다. 이 교육을 진행하는 '리드 에듀케이터(Lead Educator)'가 되기 위해서는 많은 강의 경험이 필요하다. 아쉽게도 현재까지는 외국 리드 에듀케이터들의 지원을 받는 방식으로 진행하고 있다.

개인적으로는 이 프로그램을 우리나라의 문화와 스타일에 맞춰 변형할 필요도 있다고 생각한다. 그래서 초기에는 외국 방식 그대로 진행했지만, 현재는 한국적인 스타일을 더해 조금 더 자연스럽게 선수들에게 적용할 수 있도록 조정한 상태다.

내가 이 프로그램을 국내에 도입한 이유는 단순했다. 이런 좋은 정보와 기회를 나만 알고 있는 것은 선수 출신의 IOC 위원으로서 양심 없는 태도라는 생각이 들었기 때문이다. 우리 선수들, 은퇴 선수들에게도 다채로운 프로그램을 경험할 기회는 계속해서 주어져야 한다. 눈과 말로만 행정을 하는 것이 아니라 좋은 것은 행동으로 옮겨야 한다. 현재는 장기적인 관점에서 지속 가능한 스포츠 교육 체계를 구축하는 것을 목표로 삼고 있다.

IOC 활동은 단순한 행정 업무가 아니라, 세계 스포츠의 미래를 만들어 가는 과정이라고 할 수 있다. 그런 단체에서 내 역할이 무엇인지 처음에는 잘 알지 못했지만, 8년간 '하드 워커'라는 말을 들으며 세계 곳곳을 다녀보니 조금씩 깨닫게 됐다.

앞으로도 보다 나은 환경을 만들기 위해 내 자리에서 할 수 있는 일이 있다면 주저하지 않을 것이다. 그 작은 움직임이 결국 변화의 시작일 테니까. 어떤 자리에 있든 나는 여전히 같은 마음으로 움직일 것이고 앞으로도 말이 아닌 행동으로 증명하는 사람으로 남고 싶다.

2017년 10월 24일, 평창 동계올림픽을 1년 앞두고 그리스 올림피아에서 열린 성화 채화식에 참석했다. 고대 그리스 유적지에서 성화를 최초로 채화하는 광경을 눈앞에서 보는데 수천 년 전에 열렸던 제의가 유구한 시간을 넘어 오늘날까지 이어지고 있다는 것이 실감 났다. 성화 채화식은 올림픽이 열릴 때마다 하는 행사이긴 하지만 그날은 우리나라에서 열리는 올림픽을 위한 채화였기에 더 남다르게 느껴졌다.

헤라 신전에서 채화된 성화는 그리스를 한 바퀴 돈 뒤 개최국으로 이동하는데, 인천공항 제2터미널이 개항도 하기 전에 가장 먼저 도착한 것이 이 성화였다.

성화 채화 행사를 마친 후에는 성화 봉송 릴레이가 이어졌다. 나는 101번째 성화 봉송 주자로 선정되어 와이어에 매달린 채 하늘을 날아 성화를 옮겼다. 타오르는 불꽃을 손에 쥔 채 공중을 날아 이동하던 그 순간은 지금도 생생하게 기억날 정도로 짜릿했다.

그런데 성화를 들고 있던 순간의 짜릿함보다 더 의미 있게 기억되는 순간이 있다. 바로 선수촌장에 임명되었을 때다. 나는 2018 평창 동계올림픽 때 선수촌장을 맡았다. 올림픽 선수촌장(Olympic Village Mayor)은 대회 조직위원회에서 임명하는 자리로, 올림픽 기간 동안 선수촌을 총괄하고 운영을 책임지는 사람이다. 나는 IOC 위원이 된 지 2년 만에 우리나라에서 올림픽이 열렸는데, 그러다 보니 내가 해야 할 일이 많았다.

선수촌장의 역할은 표면적으로는 운영과 관리지만 실질적으로는 세계 각국에서 온 선수들과 소통하며 그들의 요구와 불편 사항을 해결하고 때로는 문화적 갈등까지 조율해야 한다. 이 모든 것이 원활하게 진행되려면 결국 소통을 잘해야 하는데, 그러기 위해서 구체적으로 어떻게 해야 할지 방법이 잘 떠오르지 않았다.

우리나라에서 얼마 만에 개최되는 올림픽인데, 그런 애매한 상태로 준비할 수는 없었다. 조언을 구하기 위해 여기저기 수소문을 했다. 그러던 중 IOC 선수위원으로 활동했던 일본의 다케다 위원을 만날 수 있었다. 그분을 만나 이런저런 이야기를 나누던 중 '리셉션(환영 만찬)을 열어보라'는 조언을 들었는데, 듣고 보니 좋은 방법이겠다 싶었다.

문제는 비용이었다. 찬찬히 정리해 보니, 약 5천 만 원 정도가 필요했다. 해결 방법을 고민하다가 대한체육회에 이 행사의 의미를 전달하고 공동으로 개최하자는 제안을 했다. 다행히 대한체육회에서 흔쾌히 받아주어 대한체육회와 IOC 선수위원 유승민 공동 주최로 리셉션을 열었고, 그 자리에서 다방면으로 네트워크를 만들었다.

평창 동계올림픽 기간, 나는 그 네트워크를 바탕으로 수많은 회의와 미팅을 했다. 매일 4시간도 자지 못할 만큼 숨가쁜 일정을 소화했는데 아침 7시에 일어나 선수촌 회의와 점검, 선수들과의 교류, 저녁에는 IOC 위원들과의 네트워킹까지 빽빽한 스케줄이 이어졌다. 한 달간 그렇게 움직였더니 체중이 5kg이나 줄어 있었다.

크나큰 자긍심이었던 선수촌장 역할

어느 대회든 그렇지만 올림픽 선수촌은 단순한 숙소가 아닙니다. 올림픽 기간 동안 선수들이 먹고 자는 것은 물론, 생활 전반을 책임지는 공간이 선수촌이다. 치료센터(Polyclinic)와 기념품 가게, 게임장 등 다양한 시설이 마련되어 있어야 하고 선수들이 최상의 컨디션을 유지할 수 있도록 철저한 관리가 이루어져야 한다. 그래서 선수촌장은 특별한 책임이 요구되는 역할이다. 게다가 나는 IOC 위원으로서의 활동까지 병행해야 했다.

어느 때보다도 바빴기 때문에 당시 나는 선수촌 아파트와 호텔 두 곳에 방을 마련해 두고 뛰어다녔다. 매일 아침 7시에 시작되는 '선수 단장(Chef de Mission)' 회의에는 꼭 참석했는데, 이 회의는 각국 선수단 단장들이 전날 발생한 문제와 불편 사항을 논의하는 자리였다. 선수촌장이라면 반드시 참석해야 하는 자리라고 생각했다.

저녁이 되면 선수촌장이라는 역할을 잠시 내려두고, IOC 위원으로서의 역할이 시작됐다. 경기가 끝난 후에는 리셉션과 파티가 이어졌고, 그 일정을 모두 소화하고 숙소로 돌아가면 새벽 2시였다. 그리고 다음 날 새벽 6시에 일어나 하루를 시작했다.

그 일정들만으로도 하루 24시간이 부족했지만 문제는 그것이 끝이 아니라는 것. 올림픽 기간 동안 선수촌에는 각국의 대통령, 총리 등 국가 정상들이 방문한다. 선수들의 생활을 직접 확인하고 시설이 잘 운영되는지 확인하기 위한 목적도 있지만, 국가 이미지를 높이고 외교적 행보를 위한 의미도 있다. 평창에서도 폴란드 대통령, 독일 대통령, 아베 신조 일본 총리, 이방카 트럼프 등 많은 해외 정상급 인사

개촌 선언 현장

들이 방문했다. 이들이 선수촌에 도착하면, 나는 언제나 앞으로 나가 영접하는 역할을 맡았다.

또 선수촌장으로서 개촌식(Opening Ceremony)을 진행해야 했는데 대한민국에서 개최하는 행사의 의미를 더하고자, 두루마리 한복을 입고 70개국 대표단을 맞이했다. 올림픽 개촌식에는 각 나라를 환영하는 세리머니를 보여주는 것이 필수였는데, 선수촌장이 환영 스피치를 한 후 각국 대표가 답사를 하고 선물을 주고받는 게 관례였다. 나는 강원도 평창의 추운 날씨 속에서 이것을 40번 넘게 반복하며,

각국 선수단을 맞이했다.

그렇게 정신없는 일정을 보내면서도 기억에 남는 인연을 만나기도 했다. 프랑스의 장 이브 르 드리앙 외무부 장관을 만났을 때였다. 나를 보자마자 알아보고는 반갑게 인사를 건네길래 나를 어떻게 아는지 물었다. 그랬더니 과거 내가 프랑스 리그에서 뛰었을 때 그 지역의 공무원으로 일하면서 나를 지켜봤다는 것이었다. 이렇게 올림픽에서 선수촌장으로 만날지 몰랐다면서 굉장히 반가워하는데, 오래전 잠시 지역에 머물렀던 선수를 기억해 준 그 마음이 참 고마웠다.

더욱 놀라웠던 점은 다음 날 해당 지역 신문에 이 소식이 보도되었다는 거다. 당시 내가 몸담았던 클럽의 매니저가 기사를 보내주었는데, 잠시 동안의 인연이었지만 내가 지나온 길이 누군가에게는 반가운 기억으로 남아 있다는 사실이 뿌듯하고 감사했다.

그리고 시간이 지나 평창 올림픽 폐막 총회가 있던 날, 나는 깜짝 선물을 받았다. 토마스 바흐 위원장이 감사한 사람들을 언급하면서 나를 부른 것이다. 미스터 유는 싱글 IOC 위원으로서 중요한 직책인 선수촌장을 담당해 20일간 선수들과 동고동락하면서 평창 올림픽을 잘 치러줬다고 IOC를 대표해 감사하다는 말이었다. 그리고 "당신의 요리가 아주 좋았다(Your cooking was very good)"는 농담까지 건넸는데, 평창선수촌 선수식당에서 함께 식사할 때 바흐 위원장에게 '우리집 요리' '내가 만든 것'이라고 농담한 일을 자연스레 언급해 준 것이었다. 그리고 나에게 성화봉을 건네며 한마디를 하라고 했다.

놀라기도 하고 조금은 떨리는 마음으로 나도 마무리 인사를 했다.

"평창에서 이렇게 좋은 기회와 책임을 갖게 된 것은 큰 영광이었습니다. 올림픽이 개막하기 전에는 너무 추워서 마지막까지 잘 마칠 수 있을까 걱정을 많이 했습니다. 그래도 여기 계신 분들 덕분에 이렇게 성공적으로 마칠 수 있게 된 것 같습니다. 각국의 선수, 임원들과 함께 수많은 만남과 대화를 나누고 경험을 공유할 수 있는 기회를 갖게 된 것은 정말 믿을 수 없이 행복한 경험이었습니다. 감사드립니다."

연결과 성장의 힘

1988 서울 올림픽을 보고 탁구 선수의 꿈을 키웠던 아이가 30년이란 세월이 지나 IOC 위원으로 자국에서 열리는 올림픽에 참여할 거라고 누가 생각했을까? 선수로서 메달리스트가 된 후, 스포츠 외교관으로서 인정받은 때는 다시 생각해도 마음이 찡해지는 가치 있는 순간이다. 그런 면에서 나는 참 운이 좋았다고 생각한다.

올림픽 폐막식이 끝난 다음 날 아침에는 '땡큐 브렉퍼스트(Thank You Breakfast)'라는 행사가 열린다. 올림픽을 위해 헌신한 조직위원회와 관계자들을 격려하는 자리다. 그 다음에는 국가 조직위원회에서 청산 과정을 거치는데, 이것은 단순한 마무리가 아니라 올림픽을 운영하며 얻은 경험을 체계적으로 정리하고 향후 국제대회의 기준이 될 수 있도록 정리하는 작업이다. 이 과정은 대회가 끝난 후 1~3년 동안 진행되는데, 만약 IOC 활동을 하지 않았다면 이러한 과정이 존재하는지도 몰랐을 것이다.

올림픽에서 금메달은 땄지만 올림픽이 어떻게 개최되는

지 그 전후 과정에 대해서는 잘 몰랐던 내가 이제는 그 무대를 준비하고 마무리하는 일의 무게와 의미를 잘 이해할 수 있게 됐다.

올림픽은 단순히 2주간 진행되는 스포츠 축제로 끝나는 것이 아니라 앞뒤로 수년간의 준비와 정리 그리고 지속적인 학습과 성찰이 이뤄지는 긴 여정이다. 선수촌장으로서 그리고 IOC 위원으로서 그 여정에 동행한 것은 내게 더할 나위 없는 영광이자 앞으로 어떤 국제무대에서도 내 몫을 해낼 수 있는 자신감을 주는 단단한 기반이 되었다. 그래서 지금도 그 시간을 떠올리면 스포츠를 통한 연결과 성장의 힘을 다시금 믿게 된다.

거기에 평화가 있었다

오랫동안 한 분야에만 몰두하다 보면 그것이 전부인 것처럼 느껴지지만 새로운 역할이 주어지고 환경이 바뀌면 보이지 않던 세계가 눈에 들어오게 된다. 나에게 IOC 위원이란 자리는 그런 의미였다. 예전에는 탁구에만 집중했다면 IOC 위원이 된 후에는 스포츠 아니 나아가 세상을 바라보는 시야도 놀랄 정도로 확장되었다.

그것은 IOC 위원으로서 다양한 행사에 초대받고 국제 스포츠계의 중요한 순간을 직접 볼 수 있었기 때문만은 아니었다. 내가 현장에서 느꼈던 건 스포츠가 단순한 경쟁을 넘어 사람과 사람, 나라와 나라를 이어주는 가교가 되고 있다는 것이었다.

처음 그것을 깨달은 건 토마스 바흐 IOC 위원장 덕분이었다. 일정상 그가 직접 훈장을 전달할 수 없게 되자 대신 수여해 달라는 요청을 받았는데, 그때 IOC 위원이 국제 스포츠 무대에서 외교적으로도 중요한 역할을 한다는 걸 체감했다.

이후에도 바흐 위원장은 평창 동계올림픽 이후 파리에서 열린 평화 포럼에도 참석해 달라는 요청을 해왔다. 왜 이번에도 나를 지명해서 보낼까, 라는 생각을 했는데 아마도 평창 동계올림픽이 보여준 평화의 상징성을 내가 잘 표

꾸준히 신임을 표해 준 바흐 위원장

현할 수 있을 거라고 판단한 것이 아닐까 싶다.

그 포럼에서 나는 남북 관계와 스포츠의 역할, 그리고 탁구가 가진 상징성에 대해 이야기하며 IOC 대사와 같은 역할을 수행했다. 그러다 보니 예전에는 피상적으로만 이해했던 것들이 점점 내 이야기가 되어 다가오기 시작했다.

IOC 위원으로서 영광스러웠던 순간은 또 있었다. UN에서 연설을 했을 때였는데 평창 동계올림픽과 관련된 UN 평창 포럼이 개최되었고, 나는 한국 대표단의 일원으로 포럼에 참여했다. UN 대표부의 공식적인 자리는 아니었지만, 국제무대에서 올림픽과 스포츠의 가치를 설명하고, 스포츠가 평화에 기여할 수 있는 가능성에 대해 이야기할 수 있는 기회였다.

이런 일들을 하다 보니 예전보다 조금 더 깊이 있게 '스포츠와 평화'라는 주제에 천착하게 되었다. 한번은 국제탁구연맹재단(ITTF Foundation)에서 세계 난민의 날을 맞아 자타리 난민캠프에서 탁구 행사를 개최했는데, 이때 나는 IOC 위원이자 국제탁구연맹재단 앰버서더로 행사에 참여했다. 그곳에서 작은 테이블에 엄마 손수건을 연결해 네트를 만들어 탁구를 치고 있는 아이들을 보았다. 기특하고 예뻐 보이면서도, 마음이 좋지만은 않았다. 나는 이 아이들을 한국으로 초대하겠다고 약속했다. 이후 2018년 4월 직접 초대장을 보냈는데 아쉽게도 비자 문제 때문에 성사되지는 못했다. 그들이 난민 신분이기 때문이었다.

사실 난민 문제는 예민한 이슈이기도 해서 일상에서 접하는 뉴스에서는 찬반이 갈리는 소재로 등장하는 경우가 많다. 하지만 여기에 스포츠가 개입되면 분위기가 달라질 수 있다. 뉴스 헤드라인에서 난민 문제를 다룰 때는 숫자와 정책이 먼저 언급되지만, 그 안에는 우리와 똑같은 사람의 삶이 있다는 걸 나는 자타리 난민 캠프에서 느꼈다.

맨발로 흙바닥에서 공을 차는 아이들과 낡은 손수건을 연결해 만든 네트를 사이에 두고 탁구를 치는 아이들은 그렇게 열악한 환경 속에서도 '함께'하며 기뻐하고 있었다. 그 웃음 속에서 어떤 설명도 필요 없는 순수한 회복력을 보았다. 동시에 그 회복력은 스포츠가 가장 아름답게 끌어낼 수 있다는 생각을 했다. 그들을 난민으로만 보기보다 가능성으로 바라보며 진심으로 응원하고 싶어졌다.

그런 생각까지 하게 된 건 IOC가 2016 리우 올림픽 때 처음으로 난민팀(Refugee Olympic Team)을 만들어 올림픽에 출전시켰기 때문이다. 난민팀은 올림픽이라는 무대를 통해 난민 선수들에게 기회를 제공하고, 그들이 희망을 가질 수 있도록 문을 열어주는 프로젝트였다. 200여 개 국가 올림픽위원회(NOC)와 함께하는 올림픽 무대에 난민팀이 하나의 공식 팀으로 출전할 수 있도록 한 것은 스포츠를 활용한 인도적 지원의 대표적인 사례로 손꼽힌다.

국적도 소속도 없이 올림픽 무대에 서는 그들의 모습에서 나는 IOC가 누구도 배제되지 않는 세상을 지향하고 있고 그것이 스포츠가 품을 수 있는 가장 인간적인 가능성이라는 생각을 했다. 나는 그 가능성을 믿고 싶고 지금도 여전히 응원하고 있다.

그 외에도 스포츠와 평화를 주제로 한 일정은 다양했다. 2018년 12월 모나코에서 열린 '피스 앤 스포츠(Peace and Sport) 총회'에서 '스포츠와 평화'라는 주제로 발표를 하기도 했다. 피스 앤 스포츠는 스포츠를 통한 평화 증진을 목표로 하는 국제 비정부 기구이다. 이곳에서 나는 세계 각국 선수들로 구성된 공식 대사 그룹 '챔피언 포 피스(Champions for Peace)'의 일원으로 활동하고 있다.

피스 앤 스포츠는 모나코의 알버트 3세 국왕의 후원을 받기 때문에 본부가 모나코에 있다. 그래서 총회가 열릴 때면 자주 방문을 했는데 그곳에서 피스 앤 스포츠의 부위원장인 축구 선수 디디에 드록바와도 교류할 수 있었다. 드록바는 선수 시절 '축구를 할 때는 내전을 멈춥시다'라는 캠페

인을 주도해 세계적인 주목을 받았던 인물이다.

파리 평화 포럼과 UN 평창 포럼, 자타리 난민 캠프와 피스 앤 스포츠 총회에서의 경험들은 나에게 국제사회에서 스포츠가 가지는 의미와 한계를 다시 한번 체감하게 해주었다. 그리고 스포츠 외교란 단순히 경기를 조직하고 운영하는 것이 아니라, 전 세계 사람들에게 희망을 주고 변화를 이끌어 내는 것에 궁극적인 목표를 두고 있다는 생각도 하게 되었다.

스포츠가 갖는 이런 가치들에 대해 선수 시절에는 전혀 알지 못했다. 금메달을 목표로 전력투구를 했지만, 그 외의 풍경에는 관심이 없었던 거다. 하지만 IOC 위원으로 활동하면서 일평생 스포츠계에 속해 있었으면서도 몰랐던 다른 이면을 볼 수 있었고, 그 안에서 스포츠가 어떻게 세상을 바꾸는지를 보았다.

    IOC 위원은 내게 다른 세상을 볼 수 있게 하는 문이었다. 다시금 그 문을 열 기회가 주어졌던 것에 감사한다.

그래도 아직은 지켜지는 것들

선수 시절, 경기가 끝나면 무조건 거쳐야 하는 절차가 도핑 검사였다. 경기 결과와 상관없이 누구에게나 예고 없이 찾아왔기 때문에 시도 때도 없이 받았던 도핑 검사를 선수 시절에는 '통과해야 할 절차' 정도로 인식하고 있었다. 하지만 IOC 위원이 된 이후 도핑 검사가 스포츠에서 공정성이라는 가치를 지키기 위한 핵심 장치라는 것을 알게 되었다. 그러면서 공정성을 유지하기 위한 이 시스템이 어떻게 설계되고 유지되는지 자세히 들여다볼 수 있었다.

올림픽을 포함해 국제 스포츠 대회에 참가하는 모든 선수들은 도핑 검사를 받아야 한다. 이것은 선수들이 금지 약물을 사용하는 것을 방지하고 감시하기 위한 것으로 세계도핑방지기구(WADA, World Anti-Doping Agency)가 총괄하고 있다.

WADA는 올림픽 무브먼트(Olympic Movement)와 각국 정부의 공동 펀딩을 통해 설립된 기구로 주요 구성원은 각국 정부 관계자 대표와 IOC 위원 대표로 구성된다. 나는

IOC 선수위원으로서 WADA 이사로 역할을 했고 현재 우리나라 대표로는 장미란 제2 차관이 활동하고 있다.

WADA 산하에는 각국의 도핑방지기구(NADO, National Anti-Doping Organization)가 있으며, 우리나라에는 한국도핑방지위원회(KADA, Korea Anti-Doping Agency)가 있다. KADA는 문화체육관광부 산하의 스포츠 도핑방지 전담 국가기구로서 약물로부터 선수를 보호하고 공정한 스포츠 환경 조성을 목표로 도핑 관리, 교육, 홍보 등 도핑방지 활동을 전담한다고 보면 된다.

WADA는 국제적인 도핑 관련 사안을 다루는데, 러시아 도핑 스캔들과 같은 사건들을 조사하고 이를 IOC와 공유해 스포츠의 공정성을 유지하는 역할을 한다. 나는 WADA 이사로 활동하며, 국제 스포츠계에서 반도핑 시스템이 어떻게 운영되는지를 직접 확인했다.

도핑 검사는 예고 없이 불시에 진행된다. 해외에 도착하자마자 WADA 검사관이 나와 소변 검사를 요구하는 경우도 비일비재하다. 특히 올림픽 기간 동안 예상치 못한 선수가 금메달을 획득하면, 소변 검사뿐만 아니라 혈액 검사까지 추가로 진행한다.

도핑 검사는 단계적으로 이루어지는데, 가장 기본적인 소변 검사를 한 후 필요에 따라 혈액 검사를 진행하는 방식이다. 그리고 더 정밀한 검사가 필요하다면 머리카락 검사까지 진행한다. 머리카락 검사는 오랜 기간 섭취한 약물의 흔적까지 추적할 수 있기에, 가장 엄격한 검증 방법 중 하나다.

선수 생활을 하면서 가장 조심해야 하는 것이 약물 복용이다. 언제든 도핑 검사에 임해야 하는 운동선수들은 평소 약을 거의 복용하지 않거나 매우 약하게 먹는 편이다. 그러다 보니 병원에 가면 "운동선수라 약 조심해야 합니다"라고 미리 알리는 것이 일반적이다.

WADA에서는 도핑 위반을 방지하기 위해 금지 약물 리스트를 지속적으로 업데이트하고 있고, 선수들에게도 허용되는 약물과 금지된 약물을 주기적으로 안내한다. 일부 선수들은 도핑을 피하기 위해 허용된 약물을 활용해 페이크 전략을 쓰기도 하는데, 이러한 정보까지 공유되며 지속적으로 관리되므로 애초에 편법에 기대지 않는 것이 안전하다.

또 WADA에서는 도핑방지행정관리시스템(ADAMS, Anti-Doping Administration & Management System)을 통해 전 세계 선수들의 활동을 관리하고 있는데, 이것은 일반에는 많이 알려지지 않았다. 선수들은 6개월마다 자신의 위치와 활동 계획을 ADAMS에 업데이트해야 하며, 이를 소홀히 할 경우 도핑 규정 위반으로 간주될 수 있다. 불시에 도핑 검사를 할 필요가 있을 때 원활하게 수행하기 위한 필수 절차이기 때문이다.

전 세계적으로 수많은 선수들이 활동하고 있기 때문에, WADA와 각국의 반도핑 기구들은 거대한 조직을 운영하며 철저하게 도핑 방지 활동을 수행하고 있다.

선수 시절에도 잘 알고 있었지만 도핑 검사는 아주 엄격한 절차를 따른다. 불시 검사도 많고, 특정 선수가 몇 개월 후에 다시 검사를 해야 하는 경우도 있다. 애매한 경우에는 A 샘플과 B 샘플을 채취하여 두 개를 비교 분석한다. 이중검사를 통해 결과의 신뢰도를 높이는 방식이라고 보면 된다.

도핑 검사 대상으로 선정된 후에는 시료 채취를 위해 도핑검사관 혹은 샤프롱(Chaperone)이 동반하는데, 검사가 완료될 때까지 모든 활동(탈의·샤워 등)을 감시하는 등 철저한 절차를 거친다. 음료나 물도 가급적 개봉되지 않은 새 음료만 마시게 한다. 검사실로 갈 때까지 활동에 제약을 받고, 검사 종료까지 검사실을 나올 수 없다.

또 체내 수분이 빠져나가면 소변을 충분히 배출하기 어려운 상황도 자주 발생해 검사 전에 물이나 스포츠 음료(파워에이드 등)를 다량 섭취하는 경우가 많다. 선수는 이 과정에서도 몸의 부담이 커질 수 있어 스트레스를 받는 편이다.

WADA에서 활동을 하면서, 나는 스포츠에서 의학적 요소가 얼마나 중요한지 실감했다. 도핑 검사에서는 테스토스테론 수치 등 다양한 생물학적 지표가 논의되기 때문에 의학적 용어와 절차를 이해하는 것이 필수적이다. 선수 시절 수도 없이 많이 도핑 검사를 한 나도 처음에는 생소한 개념들이 많았다. 하지만 점차 익숙해지면서 어떻게 접근해야 하는지를 파악했다.

도핑방지 시스템은 단순히 선수들을 감시하는 것이 아

니라, 스포츠의 공정성을 유지하고 깨끗한 경쟁 환경을 조성하는 데 궁극적인 목표를 둔다. 물론 이것은 대외적으로 강조되는 명분이고 실제로 도핑 검사를 받는 선수들의 인식은 저마다 다르다.

가령 어떤 선수는 도핑 검사를 스포츠 정신을 지키기 위한 당연한 절차라고 생각하지만 또 어떤 선수는 위반하지 말아야 할 규정 정도로만 인식하기도 한다. 하지만 분명한 건 스포츠에서 공정성은 아주 중요하며 도핑 검사는 그 공정성을 담보해 주는 핵심 절차 중 하나라는 것이다.

예전에 한 동영상에서 본 내용인데 사람들은 사회가 공정하지 않다고 느낄수록 정신적 빈곤에 시달린다고 한다. 그래서 스포츠에서 공정함을 지키는 일은 단순히 규칙을 준수해야 한다는 규범을 넘어 사람들에게 세상이 아직 믿을 만하다는 확신을 주는 일이 될 수도 있다. 그런 면에서 스포츠에서 공정함을 지킨다는 것이 얼마나 많은 것을 지탱하는 일인지 다시 한번 생각한다.

나 역시 선수 시절에는 으레 거치는 절차 정도로만 인식했지만, 현직에서 뛰고 있는 선수들은 도핑 검사가 단지 불편한 감시가 아니라 서로를 신뢰할 수 있게 해주는 과정이라는 걸 조금 더 공감해 주었으면 한다. 그래야 누군가에게 그래도 아직은 공정성이 지켜지는 세상이라고 말해 줄 수 있을 테니까.

그날, 우리는 한 팀이었다

때로는 스포츠가 정치보다 더 깊이 사람의 마음을 움직이고 외교보다 더 가깝게 사람을 이어주기도 하는 것 같다. 나는 실제로 그런 순간을 마주한 적이 있다. 평창 동계올림픽 이후 스웨덴에서 열린 세계탁구선수권 대회에서 남북 단일팀을 만들어 냈을 때였다.

지금 생각해 보면 예선이 끝난 후 8강 대진 추첨에서 우리나라와 북한이 맞붙게 된 게 우연만은 아니었던 것 같다. 일이 잘되려니 그렇게 맞아떨어진 건 아닐까, 좋은 쪽으로라도 그렇게 생각해 본다.

2018 세계탁구선수권 대회 8강 경기를 하루 앞둔 날이

었다. 한국과 북한이 대결하는 것으로 대진표가 결정되었고, 나는 오랜만의 남북 대결이라는 생각을 하고 있었다. 그런데 그날 저녁 리셉션 자리에서 국제탁구연맹 CEO가 나를 발견하곤 다가왔다.

"지금 분위기 좋은데 남북이 함께할 방법이 없을까?"

당시는 남북 간의 분위기가 한창 좋았을 때였다. 좋은 아이디어라고 생각은 했지만, 아무리 그래도 현실적으로 어려울 거로 생각하고 답했다.

"다른 나라들이 동의할까?"

"다른 나라들의 동의는 우리가 받아볼게. 북한과 남한이 협의하면 돼."

뜻밖의 상황이었다.

잠시 후 상대국인 일본도 대승적인 차원에서 이를 받아들였다고 했다. 일본 대표단은 "탁구가 남북 협력과 스포츠 평화에 기여할 수 있다"는 점을 강조하며 동의해 주었다.

이제 남은 것은 국가의 승인 절차였다. 우선 한국 내에서 승인을 받아야 했기 때문에 대한탁구협회에 연락했다. 당시 탁구협회 회장이었던 조양호 회장님에게 보고하여 허락을 받았는데, 문제는 이 사안이 단순한 스포츠 협의가 아니라 국가적인 사안이라는 것. 그래서 대한체육회와 문화체육관광부 그리고 청와대(대통령 보고) 순으로 승인을 받아야 했다.

시간이 없었기 때문에 밤을 새워 협상을 진행했고, 북한과도 논의가 이루어졌다. 스웨덴 시간 기준으로 저녁에 처음 논의가 시작되었는데, 다음 날 아침 10시까지 단일팀 결성을 확정해야 했다. 주어진 시간은 12시간 남짓. 게다가 시차 때문에 한숨도 자지 못하고 각 기관과 연락을 주고받았다. 언제 연락이 올지 알 수 없었기 때문에 한순간도 긴장을 놓을 수 없는 긴박한 상황이었다.

마침내 북한도 단일팀 구성에 동의했고, 현지 시간으로 아침 9시, 한국 시간으로는 새벽 5시쯤 최종 승낙이 떨어졌다. 12시간 만에 모든 협상이 완료된 것이다. 하지만 거기서 끝이 아니었다. 승인을 받은 후에는 실무적인 조율이 필요했다. 가장 먼저 선수 엔트리를 조정해야 했는데, 한국은 5명 북한은 4명의 선수를 보유하고 있었다. 그런데 경기 출전 선수는 3명. 우리는 공정성을 위해 한국에서 2명 북한에서 1명이 출전하는 방식을 제안했고, 북한도 동의했다.
다음은 지도자석 좌석 문제. 원래 코치석은 5석이었지만, 단일팀이 되었으므로 9석으로 늘려야 했다. 이 문제 역시 내가 국제탁구연맹에 공식적으로 요청해 해결했다. 마지막으로 모든 선수들에게 동일한 메달을 지급하는 문제도 남아 있었다. 여기에는 기술적인 문제들이 있었는데, 하나 하나 풀어나갔다.

그렇게 실무 조율까지 마친 후 한국과 북한은 8강전 경기를 진행하지 않고 서로 악수를 나눈 뒤 4강으로 직행했다. 그 장면이 국제탁구연맹 이사회(Board of Directors) 회의 중 실시간으로 중계가 됐고, 당시 회의 참석자들이 모두 일어나 기립박수를 보냈다. 나에게도 당연히 감격스러운 순간이었다.
서로 악수하고, 함께 사진을 찍으면서 스포츠가 경쟁이 아닌 평화를 상징할 수 있다는 걸 새삼 다시 깨달았다. 그리고 4강전에는 한반도기를 들고 경기를 치렀다. 내가 추진하긴 했지만 스포츠 외교의 가장 상징적인 장면 중 하나였다.

이 사건과도 같은 장면은 CNN, BBC를 비롯한 주요 외신에서 대대적으로 보도할 정도로 큰 반향을 일으켰다. 그리고 탁구계에서도 스포츠가 외교적 도구로 활용될 수 있음을 보여준 대표적인 사례가 되었다. 남북 관계가 복잡한 정치적 이슈에 영향을 받기도 하지만, 스포츠를 통하면 평화를 향한 한 걸음을 내디딜 수 있다는 것이 증명된 순간이었다.

지금도 뿌듯하게 생각하는 것은 그 모든 과정이 12시간 만에 이루어졌다는 점이다. 리셉션에서 주고받은 가벼운 대화가 계기가 되어 정치, 행정, 체육계를 아우르는 협상 끝에 최종 실행으로 이어진 거였다.

개인적으로는 IOC 위원이 얼마나 많은 일을 할 수 있고 그만큼 얼마나 중요한 역할인지 다시 체감할 수 있어서 더 의미가 있었다. 무엇보다 스포츠 행정과 외교가 결합되었을 때, 정치적 갈등이 아닌 평화와 협력을 만들어 낼 수 있다는 것을 직접 경험한 순간이기도 했다.

'단일팀'에 대한 기억은 선수 시절에도 있었다. 2011년 카타르에서 개최된 국제 탁구 친선대회인 '피스 앤드 스포츠컵(Peace and Sport Table Tennis Cup)'에 북한의 김혁봉 선수와 팀을 이뤄 출전했는데 우리는 우승을 했다.

당시 언론에서는 나와 김혁봉 선수가 찰떡 호흡을 자랑하며 우승까지 차지했다고 보도했는데 여기에는 비하인드 스토리가 있다. 경기장에 들어서기 전까지 나는 김혁봉 선수와 단 한 차례도 호흡을 맞추지 못했다. 북한에서 모든 사전 접촉을 거부했기 때문이었다. 그런데 우승까지 하자 그렇게 데면데면했던 북한이 먼저 다가오며 축하를 해줬다. 그것을 보며 때로는 스포츠가 그 어떤 것보다 강한 힘으로 마음의 벽을 허물 수 있다는 것을 느꼈다.

이후 수년이 지나 내가 직접 협상을 해서 또 한 번 남북 단일팀을 성사시켰으니, 나로서는 감회가 남다를 수밖에 없었다. 나는 지금도 세계탁구선수권 대회 당시 남북 단일팀이 시상식을 기다리며 대기하는 영상을 가지고 있다.

주변이 엄청나게 소란스러운 가운데 찍은 짧은 영상이지만, 남북 단일팀이 서로 가까이 함께 서서 화기애애한 분위기 속에서 시상식을 기다리는 모습은 볼 때마다 특별한 기분이 든다.

여담으로 단 하루 만에 성사된 남북 탁구 단일팀 구성은 스포츠 외교의 대표적인 성공 사례로 남아, 농구 단일팀과 카누 남북 단일팀 구성으로 이어지는 계기가 되었다. 그 과정들을 보며 나 역시 선수 시절 무수히 치렀던 그 경기들이 승부에만 한정되지 않는 그 이상의 가치를 가지고 있었다는 것을 뒤늦게 깨달았다.

그 자리에 필요한 사람

누구나 그렇지만 인생을 살다 보면 내가 예상하거나 계획하지 않았던 방향으로 인생의 핸들이 꺾이는 순간들이 있다. 나 역시 예전부터 의도하지 않았던 경로 이탈을 여러 번 겪었고 그때마다 몰랐던 세계를 마주하곤 했다. 그 정점을 찍은 해가 2019년이었다. 내가 바란 적 없는 타이틀이 연달아 주어졌고 또다시 새로운 역할에 적응해야 했다.

2019년, 37세에 나는 대한탁구협회 최연소 회장이 되었다. 당시 조양호 회장님이 갑작스럽게 세상을 떠난 뒤, 원로분들이 나에게 협회장을 맡으라고 권하면서 이루어진 일이었다. 전혀 예상하지 못했던 일이었다. 당시 부다페스트에서 열린 세계탁구선수권 대회에 단장으로 참여해 논의를 진행하고 있던 와중이었는데, 모든 게 급작스럽게 결정되었다.

어리둥절한 사이 탁구협회장을 맡게 된 것도 모자라 예상하지 못했던 또 다른 직책이 주어졌다. 2018 평창 기념재단 초대 이사장을 맡게 된 거였다. 동계올림픽이 끝난 후 잉여금이 남아 이것을 올림픽 유산 사업으로 활용하기 위한 재단이 설립되었는데 그 재단의 초대 이사장직을 맡게 되었다.

1988 서울 올림픽이 끝난 후 국민체육진흥공단이 설립된 것과 같은 방식이었다. 국민체육진흥공단의 경우 세월이 흘러 지금은 거대한 조직으로 성장했다. 평창 기념재단 역시 같은 목적을 가지고 있다. 개인적으로 평창 동계올림픽을 계기로 IOC 위원으로서 비약적인 성장을 할 수 있었기 때문에 재선 임기까지 포함해 2025년 3월 25일까지 이사장으로서 일했고 앞으로도 내가 도울 수 있는 일에는 적극적으로 협조할 생각이다.

평창 기념재단 현판식

일각에서는 여러 가지 직책을 맡는 나를 보고 오해를 할 수도 있다는 생각은 한다. 하지만 나는 IOC 위원으로 활동하며 배우고 경험한 것들을 국내에서도 의미 있는 활동으로 이루어 내고 싶다는 생각뿐이다.

일례로 스포츠 뉴스 댓글 폐지와 관련해 목소리를 낸 적이 있다. 선수들이 악플 때문에 상처받는 경우가 많았고 댓글 역시 위험 수위가 한참 넘어가 있었다. 개인 자격이긴 했지만 이런 부분에 대해 지속적으로 목소리를 냈고 결국 네이버와 다음에서 스포츠 뉴스에 댓글을 폐지했다.

시간이 지나 지금은 댓글이 없는 게 익숙할 수 있겠지만 몇 년 전만 하더라도 난무하는 악성 댓글에 많은 선수와 관계자들이 고통을 받았다. 나는 선수로서도 뛰어봤고 행정가로서 조금 떨어진 시선으로 지켜본 결과, 이런 건 의견을 내야 한다고 생각했기에 실행한 행동이었다.

혹자는 이런 활동들을 보며 혹시 정치에 관심이 있는지 궁금해했지만 그렇지 않다. 2017년 조기 대선이 있었을 때도 정계에서 연락이 왔었지만 그쪽은 내 길이 아니라고 생각했고, 어학연수를 해야 한다며 3개월간 하와이로 떠나 피해 있기도 했다. 당시 IOC 위원이 된 지 얼마 되지 않은 시기이기도 했는데, 내가 IOC 위원이 된 게 마치 정치를 하고 싶어서였던 것처럼 퇴색시키고 싶지 않았다. 또 평창 올림픽을 앞두고 다른 것에 시간을 허비하고 싶지도 않았다.

  IOC 위원을 포함해 내가 맡은 모든 직책은 무보수 명예직이다. 무언가를 얻기 위해서가 아니라 사명감과 책임감으로 수행하고 있는 일들이기에 더욱더 그 자리에 필요한 사람으로 존재하고 싶다.

많은 직책을 맡고 있는 탓에 버거운 책임감을 감당해야 할 때도 있다. 2019년에 대한탁구협회장이 된 후 2020년 코로나 팬데믹을 거치며 너무나 많은 일들이 있었기 때문에 개인 입장에서만 생각하면 눈물이 날 만큼 다사다난한 세월을 버텨야 했다.

처음 CNN이 신종 바이러스에 대해 보도할 때만 해도 그렇게 상황을 심각하게 인지하지는 못했던 코로나 사태가 걷잡을 수 없이 확산되면서 한 번도 예상하지 못했던 위기 상황을 맞이해야 했다. 그때는 일이 그렇게까지 위험한 방향으로 흘러갈 거라고 예상하지 못했다.

위기 속에서 기회를 선택하는 법

2019년 대한탁구협회장에 취임한 후 가장 중요하게 생각했던 목표는 2020 세계탁구선수권 대회를 성공적으로 개최하는 것이었다. 이 대회를 유치하기 위해 오랜 시간 수많은 난관을 지나오며 예산을 확보했고, 조직을 정비하는 등 철저하게 준비했다. 그런데 2020년 3월, 개최 예정지였던 부산에서 코로나 확진자가 발생했다.

부산에서 첫 확진자가 발생했던 그 시점에 한쪽에서는 세계탁구선수권 대회의 마지막 실사가 진행 중이었다. 국제탁구연맹 관계자가 나와 최종 실사를 진행하며 "놀라워, 훌륭해(Amazing, Excellent)"라는 평가도 받았다. 그렇게 순조롭게 진행되고 있었는데, 다음 날 조 추첨식을 앞두고 확진자가 발생했다. 당시 부산시장과 저녁을 함께하고 있는데 속보가 뜬 상황을 나는 지금도 생생하게 기억한다.

하지만 확진자가 발생했다는 속보가 떴을 때만 해도 그렇게 심각한 사태로 번질 거라고는 전혀 예상하지 못했다. 다소의 불편함은 있겠지만 대회는 예정대로 진행될 것으로 생각했다. 그런데 부산 내 확진자가 급증하면서 연기가 불가피하다는 결론에 도달했다. 결국 당시 부산시장과 논의 끝에 대회를 연기하기로 결정했다. 안 되는 것을 되게 만들며 겨우겨우 모든 조건을 맞췄는데 대회 개최를 목전에 두고 연기 결정이 난 것이다.

하지만 그 정도는 문제 축에도 못 들었다. 코로나 팬데믹 사태가 장기화되면서 3개월, 6개월, 9개월 뒤에도 상황은 나아지지 않았다. 마치 온 나라가 정지된 듯한 느낌이었다. 반면 탁구협회의 문제는 지속적으로 진행 중이었다. 처음에는 3월에서 6월로 대회 개최를 연기하는 걸로 결정했는데, 당시에는 여름이 되면 기온이 올라가면서 바이러스 확산이 줄어들 것이라는 예상을 했기 때문이었다.

하지만 현실은 달랐다. 6월이 되자 확진자가 증가했고, 9월로 다시 연기했다. 이후 12월까지 재차 연기가 되자, 아무리 긍정적으로 생각하고 추진하던 나도 불안해졌다. 그리고 결국 국제탁구연맹은 더 이상 연기를 할 수 없다는 통보를 해왔다.

당시 정부 방침에 따르면, 해외 선수와 관계자들은 의무적으로 2주간 격리 기간을 거쳐야 했다. 그러나 국제탁구연맹에서는 "격리를 면제해 주면 대회를 개최할 수 있다"는 요청을 해왔는데 질병관리청과 협의를 진행했지만 결국 '지금과 같은 상황에서 큰 규모의 국제대회 개최는 적절하지 않다'는 공문을 받았다. 이후 나는 국제탁구연맹에 대회 취소를 공식 통보할 수밖에 없었다.

이때부터 진짜 위기가 시작되었다. 코로나 시기를 보내

며 어려움을 겪은 개인과 단체는 수없이 많을 것이다. 탁구협회도 그중 하나가 됐다. 세계탁구선수권 대회 주 경기장은 부산 벡스코였고 1관 전체를 대관해 대회를 준비하고 있었다. 3월 개최를 앞두고 있었기 때문에 벡스코 내부에는 경기 운영을 위한 의자, 바닥, 조명 등 모든 시설이 이미 반입되어 대회를 진행하는 것만 남은 상태였다.

하지만 대회 취소가 결정되면서, 문제가 심각해졌다. 경기장 세팅에 사용된 의자, 마룻바닥, 조명 등의 설치 비용, 경기장 유지비, 조직위원회 직원들의 인건비가 계속해서 발생했다. 세계탁구선수권 대회의 유치에 성공해 개최를 앞둔 시점이었기 때문에 국비(정부 지원금)와 시비(부산시 지원금) 그리고 자체 예산으로 운영하고 있었는데, 대회가 취소되면서 국비와 시비를 전액 반납해야 했다. 이것은 결국, 대한탁구협회가 20억 원의 부채를 떠안게 되는 결과로 이어졌다. 그리고 대회가 취소된 이후부터 하청업체들의 빚 독촉 전화가 협회로 쏟아졌다.

코로나로 모든 업계가 어려운 상황이었고, 하청업체로 발주된 물품은 이미 제작되고 설치되어 있어서 이대로는 도산 위기에 처할 수밖에 없었다. 그러는 와중에 2021년이 되었고, 대한탁구협회장 임기 만료일이 다가왔다. 주변에서는 회장직을 연임하지 말 것을 권했다. 협회가 20억 원이란 빚을 떠안고 있는 상태라 새로운 회장이 이를 감당해야 했기 때문이었다.

하지만 나는 이 문제를 해결하지 않고 회장직을 내려놓는 것은 책임 회피라고 생각했다. 주변의 반대를 무릅쓰고 결국 회장직을 연임하기로 결정했다.

이후 이사회를 열어 하청업체들에 진 빚을 변제하자는 논의를 진행했지만, 반대하는 목소리가 많았다. 협회 운영진 내부에서도 의견이 갈리면서 재정적 해결책을 찾는 과정은 난관에 부딪혔다. 하지만 어떤 방식으로든 무조건 해결해야 한다는 원칙을 세웠고 이사회에서 이렇게 발언했다.

"하청업체를 운영하는 사람 중 누군가는 탁구인일 수 있습니다. 탁구가 지금까지 국민한테 희망을 줬는데 이렇게 아픈 기억을 남길 수는 없습니다. 이건 어떡하든 제가 갚겠습니다."

그렇게 이사회에서 하청업체들의 빚을 변제하는 안건을

통과시켰고, 협회 기금을 담보로 20억 원의 대출을 받았다. 여담이지만 회장으로서 20억 원 대출 서류에 서명한 것도 그때가 처음이었다.

이후 많은 사람들이 두려워하는 상황에 직면했다. 연 5,000만 원에 달하는 대출이자를 감당해야 한 것이다. 그때부터는 이 빚을 어떻게 해결할 것인가가 절체절명의 과제가 되었다.

나는 국회를 찾아가 항의했다. 질병청에서 개최하지 말라고 했는데, 왜 모든 손실을 우리가 떠안아야 하는지 의견을 전하며 국비 지원을 요청했다. 하지만 형평성 문제로 지원이 어렵다는 답변을 받았다. 막막했다.

그러면서 머릿속에서는 또 다른 선택지를 생각을 하고 있었다. 해결책은 두 가지였다. 재개최를 추진하든가 국가보조를 받든가. 하지만 후자는 사실상 불가능했고 재개최를 통해 해결하는 것이 유일한 방법이라는 생각으로 굳혀졌다.

그러려면 재개최를 할 때까지 은행 이자를 충당할 방책이 필요했다. 나는 대회 후원사였던 은행을 찾아갔다. 코로나로 인해 대회 개최가 불분명해지면서 은행에서는 후원금을 지급하지 않고 있었다. 나는 긴 시간 동안 협상을 하며 스폰서십의 가치를 강조했고 지원을 요청했다. 결국 천신만고 끝에 유소년 발전기금 등의 명목으로 2억 원을 확보할 수 있었다. 그 기금은 4년 치 이자를 충당할 수 있는 금액이었다. 물론 원금 20억 원은 그대로였지만, 탁구협회는 손해 보지 않고도 부채 문제를 해결할 수 있는 방법을 마련한 것이었다.

포기하지 않는 힘으로

이후에는 한숨 돌릴 틈도 없이, 재유치를 위한 과정에 돌입했다. 당시 내가 생각한 재유치를 해야 하는 이유는 크게 두 가지였다. 첫 번째로 2020년에 코로나로 인한 대회 취소 때문에 발생한 손실을 회복해야 했다. 두 번째 이유는 탁구 강국으로서의 위상 회복이었다. 중국과 일본이 7~8번씩 개최한 세계탁구선수권 대회를 우리나라는 한 번도 유치한 적이 없었다. 100년 만에 처음으로 개최할 기회를 그렇게 날려버릴 수는 없는 것이었다. 나는 다시 신발 끈을 묶고 재유치를 위한 절차를 밟아 나갔다.

세계탁구선수권 대회를 유치하려면 약 200억 원의 사업비가 필요했다. 사업비는 탁구협회 40%, 국비 30%, 시비 30%의 비율로 매칭해야 한다. 그리고 사업비 조달에 앞서 예비타당성 조사를 받아야 했다. 그러나 코로나로 인해 국제탁구연맹은 유치 비딩 일정조차 정하지 못하고 있었다.

그러던 중, 국제탁구연맹으로부터 연락을 받았다. 갑자기 비딩을 열겠다는 통보를 해온 것이다. 이유를 알아보니 다른 국가들도 코로나로 대회를 취소하면서, 국제탁구연맹도 일정을 유동적으로 운영하고 있었다.

그렇게 일이 공교롭게 진행되어 예비타당성 조사를 뒤로 미루고 일단 유치 신청부터 했다. 5개 도시가 신청했는데, 나는 IOC 위원으로 활동하면서 익힌 국제 스포츠 외교 경험을 바탕으로 유치 가능성을 높이기 위한 전략을 세웠다.

당시 국제탁구연맹 회장이 스웨덴 출신이었다. 우선 스웨덴을 포함한 다양한 국가들과 협력하여 지지를 확보하는

데 집중했다. 그리고 최종적으로 다섯 개 경쟁 도시 중 세 도시의 지지를 확보했다. 남은 경쟁 도시는 아르헨티나의 부에노스아이레스였다.

2021년 5월, 미국 휴스턴에서 열린 세계탁구선수권 대회에서 최종 결과가 발표되었다. 대한민국은 다시 한번 세계탁구선수권 대회를 유치하는 데 성공했다.

위기는 언제든지 찾아올 수 있다. 중요한 건 위기가 오는지 여부가 아니라 위기를 마주한 순간, 어떤 선택을 하느냐다. 나는 위기를 기회로 바꾸는 힘은 포기하지 않는 마음에서 비롯된다고 생각한다. 끝까지 버티는 힘이야말로 상황을 바꾸는 가장 강한 원동력이라고 믿기 때문이다.

유치 성공 이후 예비타당성 조사를 미리 받지 못했다는 이유로 예산 지원이 어렵다는 정부 입장을 들었을 때에도 포기하지 않고 끝까지 설득했다. 애초부터 대회가 취소되었던 이유가 코로나라는 특수한 상황 때문이었고 이에 따라 국제탁구연맹의 비딩 일정이 유동적으로 운용되면서 그에 맞춰 준비하기가 어려운 애로사항이 있었다.

그래서 예비타당성 조사를 신청할 시간이 없었다는 점을 적극적으로 소명했다. 기획재정부, 국회, 문화체육관광부 등을 직접 찾아다녔고 끊임없이 설득했다. 그 과정에서 정말 많은 사람들의 도움을 받아 결국 200억 원의 예산을 확보할 수 있었다. 드디어 대회를 정상적으로 치를 수 있게 된 것이었다.

그런데 대회를 앞둔 2024년 1월, 스폰서십 금액이 부족해지는 문제가 발생했다. 이를 해결하기 위해 직접 발로 뛰며 서비스 스폰서 계약 10억 원을 성사시켰다. 그 과정에서 예산 확보를 위한 지속적인 노력이 필요했고, 결국 재정적으로도 가장 성공한 대회로 평가받을 수 있었다.
천신만고 끝에 얻어낸 귀한 기회였던 만큼 나는 이전의 경험을 거울삼아 더욱 철저하게 준비했다. 결과적으로 국제탁구연맹이 그해 선정한 10대 뉴스 중 하나로 꼽힐 정도로 성공적인 대회를 개최할 수 있었다.

대회 흥행 지표를 보면 성과를 더 명확하게 알 수 있다. 우선 대회가 개최되던 2월 한 달간 부산의 백화점 매출이 600% 이상 뛰었고 7개 주요 호텔이 만실을 기록했다. 2023년과 비교하면 '비수기'라는 말이 무색할 만큼 도시 전체가 활기를 띠었다. 경기장 밖에는 입장을 기다리는 관중들이 장사진을 이뤘고 지금도 그 장면들을 담은 사진들을 볼 때마다 '해냈다'는 뿌듯함이 밀려온다.

미디어 커버리지(Media coverage, 언론 보도 또는 미디어 노출)는 600회 이상을 달성하는 한편 총 관중이 35,000명에 달했고 그중 절반이 중국 등 외국인이었다. 마지막으로 우리는 25억 원의 흑자를 기록하며 대회를 마무리했다. 세계탁구선수권 역사상 최대 흑자 대회였다.

2020년, 쉴 새 없이 해외를 오가던 날들이 멈춰 섰다. 갑자기 밀어닥친 팬데믹이 내 삶의 속도를 단숨에 늦춰놓은 기분이었다. 덕분에 국내에서 조금은 여유로운 일상을 보낼 수 있었다. 처음에는 낯설었지만 차분히 숨을 고르는 시간도 필요하던 참이었다.

당시에는 내 시간과 함께 세계의 시간도 조금씩 늦춰지는 모양새였다. 2020 도쿄 올림픽이 1년 연기되었고 나는 해외 활동 대신 제주도로 이주해 약 2년간 제주와 서울을 오가며 생활했다.

그렇게 시간을 보내던 중 도쿄 올림픽이 가까워지면서 다시 움직일 준비를 했다. 백신이 나왔지만 출국하려면 까다로운 절차를 거쳐야 해서 예전보다 더 마음이 분주했다.

백신 2차 접종 완료 증명서와 출국 72시간 전, 48시간 전 음성으로 확인된 코로나 검사 결과가 필요했다. 다행히 '이상 없음'으로 나왔고 모든 절차를 완료하고 출국했다.

비행기에서 내려 입국심사를 하는데 코로나 검사를 받으라고 했다. 한국에서 준비해 온 서류를 내밀었다. 그런데 여기서 다시 받아야 한다는 답변이 돌아왔다. 코로나 시국에 개최되는 국제 행사이니 엄격하게 관리를 하는 것 같았다.

그런데 검사 후 한참을 기다려도 아무런 안내가 없었다.

'사람이 많나? 검사 시스템이 한국과는 다른가?'

이런저런 생각을 하며 대기하다 3시간 정도가 지나서야 검사 담당자가 다가왔다. 그러고는 내가 코로나에 감염됐다는 통보를 했다.

'백신도 맞았고 출국 전 검사에서도 음성이었는데 감염되었다니⋯⋯.'

당혹스러운 것도 잠깐, 순간 큰일났다는 생각부터 들었다. 나는 관람 목적으로 도쿄 올림픽에 가는 것이 아니었다. 곧바로 핸드폰이 울렸다. IOC에서 연락이 온 것이다.

"코로나에 걸렸다고 들었다. 잘 대응하겠다."

그렇게 한국에서 만반의 준비를 하고 온 보람도 없이 나는 별도의 호텔로 이동하여 2주간 꼼짝없이 격리를 당했다.

문제는 내가 IOC 위원 중 첫 번째 도쿄 올림픽 확진자였다는 점이었다. 당시 한일 관계가 좋지 않았던 상황이라 일본에서는 한국에서 코로나를 옮기러 왔다는 여론이 형성되기도 했는데, 이 논란은 CNN, BBC 등 주요 외신에서도 보도될 정도로 크게 번졌다. IOC 위원 한 사람의 영향력이 이 정도인가 싶은 생각에 책무가 다시 한번 무겁게 느껴졌던 경험이다.

그런 상황에서도 나는 격리 기간 동안 많은 사람들에게 격려 전화를 받으며 2주를 보냈다. 이후 코로나 완치 판정을 받고 다시 활동을 시작했는데, 아쉽게도 이미 올림픽 일정의 절반이 지나간 상황이었다. 다행히 올림픽 개막 전 미리 도쿄에 도착했기 때문에 IOC 총회 일정도 소화할 수 있었고, 마지막 일주일 동안은 IOC 위원으로서의 공식 활동을 활발히 수행했다.

도쿄 올림픽 이후 6개월 뒤에는 베이징 동계올림픽이 열렸는데 그때는 더욱 예상하지 못한 일이 벌어졌다. IOC 위원의 30%가 코로나에 감염되었고, 올림픽 개막 전에 걸린 사람도 속출했다. 현장에서 확진된 경우도 많았다. 그런 상황이었으니 IOC 활동에 차질이 생기지 않을 수 없었다.

아이러니한 건 내 경우 이미 도쿄 올림픽에서 코로나에 감염된 경험이 있었기 때문에, 베이징 올림픽에서는 자유롭게 활동할 수 있는 상황이 되었다는 점이다. 베이징에서는 워낙 다수가 감염 판정을 받았기 때문에 사람이 없어 내가 해야 할 일이 더 많아졌고, 나는 도쿄 올림픽에서는 첫 번째 확진자로, 베이징에서는 열일하는 IOC 위원으로 유명세를 타게 됐다. 그때 우스개로 이래서 인생은 타이밍이라고 하나보다, 라는 생각도 했다.

멈춘 시간 속에서도 기회는 있었다

도쿄와 베이징 올림픽을 거친 이후에는 나도 그리고 세상도 조금씩 코로나에 익숙해지고 있다는 걸 느낄 수 있었다. 2022년까지 코로나 영향은 계속되었지만 분위기가 점차 바뀌면서 이제는 걸려도 어쩔 수 없다는 인식이 퍼지기 시작했다. 도쿄 올림픽에서 확진 판정을 받았을 때만 해도 모두가 경악했지만, 베이징 동계올림픽에서는 코로나 확진자 수가 많아지면서 어느 정도 자연스럽게 받아들이는 분위기를 볼 수 있었다.

그래서 2021년과 2022년을 마스크를 쓴 채로 보내면서도, 다양한 스포츠 이벤트를 기획했다. 코로나가 완전히 종식되지 않았다고 해서 언제까지나 가만히 있을 수만은 없는 노릇이 아닌가. 그 기간 동안 나는 소규모 이벤트와 올스타전 같은 대회를 꾸준히 기획했고, 프로탁구 리그를 론칭하며 활동을 지속했다. 그런데 이러한 시도는 미처 예상치 못한 긍정적인 효과를 가져왔다.

팬데믹 전에는 해외 촬영 등을 활발히 하던 방송사들이 팬데믹으로 인해 콘텐츠 부족 현상을 겪고 있었고, 어느 순간부터 탁구협회에 콘텐츠 제공 요청이 들어오기 시작했다. 예전에는 중계를 요청하면 제작비를 우리가 부담해야 하는 구조였는데, 나는 취임하면서 방송사에 제작비를 주지 않기로 결정했다. 이제는 방송보다는 유튜브라는 전략을 세웠고 이에 따라 탁구협회 공식 유튜브 채널을 개설했다. 초기에는 화질이나 편집 등에서 부족한 점이 있었지만 점차 개선되면서 자체적인 방송 시스템을 구축해 나갔다.

그런 방송사들이 팬데믹 사태로 스포츠 콘텐츠가 부족해지면서 오히려 탁구 중계를 요청하는 상황이 된 것이다. 이것을 계기로 탁구는 지속적으로 미디어에 노출되었고, 팬층을 더욱 확보할 수 있었다.

사실 코로나 팬데믹 때는 탁구에 대한 부정적인 인식이 강했다. 코로나 초기에 사람들은 밀폐된 공간에서 땀을 흘리며 플레이하는 탁구장이 감염 위험이 높다고 인식했고 그 여파에 밀려 많은 탁구장이 문을 닫아야 했다. 선수들 역시 코로나 방역 가이드에 따라 악수를 하지 않는 등 엄격하게 제한된 규정을 지켜야 했다.

그렇게 팬데믹 초기에 형성된 부정적 이미지를 전환하기 위해 2022년에는 예능 프로그램 〈올 탁구나!〉에 출연했다. 예능 출연이 익숙하지는 않았지만 탁구와 관련된 일이라면 모두 하겠다는 원칙을 세우고 적극적으로 참여했다.

특히 〈올 탁구나!〉에서는 탁구 레전드 선수들이 게스트 형식으로 출연해 탁구의 매력을 알리는 역할을 했는데, 덕분에 대중의 관심을 다시 탁구로 돌릴 수 있었다. 예전부터 알고는 있었지만 방송의 영향력은 강력했다. 〈올 탁구나!〉를 본 시청자들 사이에 재미있겠다는 반응이 확산됐고, 탁구장으로 유입되는 인구가 늘어났다. 이후 〈국대는 국대다〉 프로그램에서는 김택수 선배가 부각되면서 탁구에 대한 관심이 더 커졌다.

이를 계기로 탁구는 다시 대중적인 관심을 받을 수 있었고, 팬들이 유입되면서 시장이 회복될 수 있었다. 개인적으로는 스포츠 행정에서 중요한 것 중 하나가 위기 속에서도 지속할 수 있도록 방향을 설정하는 능력이라는 것을 경험한 해이기도 했다.

결과를 바꾸는 마음

2024 파리 올림픽은 코로나 이후 처음으로 전면 유관중으로 열리는 대회였다. 경기장을 꽉 채운 관중들의 응원과 환호는 선수들에게 에너지를 불어넣어 주고, 경기장과 개최지 전체에도 생기를 돌게 한다. 도쿄 올림픽 때와 비교하면 직접적으로 차이를 알 수 있을 만큼 관중이 선수들에게 미치는 영향은 매우 크다.

유관중 대회인 만큼 IOC 위원으로서의 역할도 자연스럽게 늘어났다. 현장의 열기가 되살아나기 때문에 IOC 위원이 챙기고 점검해야 할 것도 그만큼 더 늘어나는 것이다.

나는 이 대회에서 대한탁구협회장으로서도 막중한 책임감을 느끼고 있었다. 대한민국 탁구는 최근 2연속 올림픽 노메달의 성적을 가지고 있었는데, 이 흐름을 끊어야 했다. 파리 올림픽을 앞두고 국가대표 선수들의 성적 때문에 고민이 이만저만이 아니었다.

도쿄 올림픽에서의 성적이 기대에 미치지 못한 데다 도쿄 올림픽이 1년 연기되면서 파리 올림픽까지는 단 3년밖에 남지 않은 상황이었다. 준비 시간이 짧았던 만큼, 이번에는 반드시 메달을 따야 한다는 절박한 마음으로 대표팀을 지원했다. 만약 또다시 실패한다면, 대한민국 탁구가 국제무대에서 경쟁력을 잃을 수 있다는 위기감이 컸다.

그래서 도쿄 올림픽 직후 대표팀을 위한 계획부터 수립했다. 먼저 후원사를 유치해 대표팀 지원을 강화했고 해외 대회 출전 기회를 늘렸다. 국제대회를 국내로 유치하는 데도 최선을 다하는 한편 지도자 충원과 전지훈련 확대에도 예산을 집중했다.

그렇게 선수들이 최상의 컨디션을 유지할 수 있도록 모든 환경을 조성했지만 그런 지원만으로는 부족했다. 한국 탁구가 다시 세계 정상권으로 도약하기 위해서는 분위기를 이어가는 것이 필수적이었다.

나는 우선 국제대회를 많이 개최하기로 했다. 그래서 2023 평창 아시아탁구선수권 대회, 2024 부산 세계탁구선수권 대회를 유치했고, 국내에서 탁구에 대한 관심도를 높이는 데 주력했다. 선수들은 실전 감각을 유지할 수 있도록 제반 환경을 조성했다.

사실 파리 올림픽 전에 유치했던 대회들은 단순한 이벤트가 아니라, '아시아 선수권 → 아시안게임 → 세계선수권 → 파리 올림픽'으로 이어지는 장기적인 계획의 일부였다.

당시 계획의 일부를 소개하면 아시아탁구연합(ATTU)에서 한국에 2023 아시아탁구대회 개최를 요청했는데, 나는 평창을 제안했다. 평창은 2018 동계올림픽 개최지였지만, 여름에도 국제대회를 유치하면 새로운 시너지 효과를 낼 수 있을 거라고 판단했기 때문이다. 그리고 이 전략이 유효하게 작용하면서 대회는 흥행에 성공했다.

그런데 문제는 선수들의 경기력이었다. 아시아선수권대회가 끝난 후, 나는 선수들의 경기력에 의문을 가졌다. 경기에서는 지쳐 보였고, 집중력도 떨어진 상태였다. 지도자들을 따로 불러 회의를 하며 이렇게 말했다.

"아무리 본인들이 선택해서 대회를 다닌다고 해도, 국내 대회에서 지쳐 있는 모습을 보이면 되겠습니까? 탁구는 퍼포먼스입니다. 피곤한 건 다 똑같습니다. 하지만 표정에서, 경기에서 그런 게 드러나는 순간 그건 선수로서 자격이 없다는 뜻입니다."

지도자들도 내 말을 듣고 고개를 끄덕이며 공감했다. 나는 선수들이 정신을 차리지 않으면, 2주 뒤에 있을 2022 항저우 아시안게임에서도 좋은 성적을 내지 못할 것이라고 경고했다. 그렇게 강하게 질책한 것이 효과가 있었는지 다행히 선수들은 집중력을 되찾았다. 결국 항저우 아시안게임에서 여자 복식팀이 금메달을 따내며 반등의 신호탄을 쏘았다.

그런데 이후 부산에서 열린 2024 세계탁구선수권 대회에서 여자 선수들이 부진한 성적을 거두면서 다시 흔들리는 모습을 보였다. 대회가 끝나고 선수단 회식 자리에서 한 말씀 해달라는 요청을 받았다. 그때 나는 기분 좋은 말을 하기보다 현실을 냉정하게 직시할 수 있도록 해줄 필요가 있다고 생각했다. 그래서 매서울 정도로 혼을 냈다.

"지금 너희가 맛있게 고기 먹고 있을 때가 아니다. 8강에서 중국과 붙어서 졌는데 진 것은 인정하지만, 너희가 진짜 중국을 이기려는 의지가 있었는지 스스로에게 물어봐라. 그냥 질 거라고 체념하고 경기에 나선 건 아닌지."

그때 나는 선수들의 실력도 문제였지만, 더 큰 문제는 중국과 일본이 붙은 결승전에 여자 대표팀 선수들이 경기장을 찾지 않았다는 점을 더 심각하게 봤다. 해외 대회였다면 몰라도, 부산에서 열린 세계탁구선수권 대회의 결승전이었다. 국가대표 선수들이 자국에서 열린 세계선수권 대회의 결승전을 보지 않은 것이 도무지 이해가 가지 않았다.

"너희가 세계 정상에 오르려는 의지가 있는지 없는지 난 모르겠다. 우리가 호스트 국가인데 결승전도 보지 않는 게 맞는 행동인가?"

혹독할 정도로 강하게 질책하자 선수들은 또 한 번의 충격을 받았고, 대표팀은 다시 심기일전하여 파리 올림픽을 대비하기 시작했다. 이후 훈련장을 찾아보면 확실히 공기가 달라져 있었다. 선수들의 눈빛이 달라져 있었고 에너지가 넘치는 것을 확인할 수 있었다. 그에 따라 경기력도 상승했다.

결국 2024 파리 올림픽에서 한국 탁구 대표팀은 이전 대회인 2020 도쿄 올림픽에 비해 향상된 성적을 거두었고, 특히 전략적으로 투자를 집중했던 혼합 복식에서 동메달을 따내며 한국 탁구의 가능성을 다시 한번 증명해 냈다.

함께 만든 메달

되돌아보면 처음 IOC 위원이 되었을 때만 해도 임기 마지막이 어떤 모습일지는 생각도 하지 못했다. 낯선 환경과 새로운 사람들 속에서 내 자리를 찾아야 한다는 생각만으로도 정신이 없었으니까. 그런데 8년이라는 시간은 예상보다 빠르게 흘러갔고, 어느덧 마무리를 준비해야 하는 순간이 찾아왔다.

2024 파리 올림픽은 IOC 위원 임기 마지막 해에 열린 올림픽이었다. 그런데 나는 대한탁구협회장으로서의 역할도 겸하고 있었다. 그러다 보니 우리 선수들에 대한 책임감이 어느 때보다 막중했다. 선수들을 위해 내가 할 수 있는 게 있다면 무엇이든 하겠다는 마음으로 파리로 출국했다.

탁구 대표팀 선수들은 올림픽 개막일보다 조금 일찍 출

국한 상황이었는데, 도착하자마자 여자 대표팀 감독으로부터 연락이 왔다. 버스 내부를 찍은 사진이었다. 선수들이 경기장과 숙소를 오가는 데 불편을 겪고 있다는 것이었다. 나는 어떻게 해주면 되냐고 물었고, 감독은 선수들이 자유롭게 이동할 수 있는 전용 버스가 필요하다고 했다.

나는 즉시 협회에 연락해 버스 지원을 요청했다. 그리고 파리에 있는 한인회 회장님께 연락해 버스와 기사 섭외를 부탁했다. 결국 선수들은 편안하게 경기장과 숙소를 오갈 수 있었고, 불필요한 체력 소모를 줄일 수 있었다.

이동 문제를 해결한 뒤에는 선수들이 경기 전후에 편하게 쉴 수 있도록 경기장 근처에 베이스캠프 역할을 할 숙소를 마련했다. 원래는 나에게 배정된 숙소였는데 그곳을 선수들과 지도자가 이용할 수 있도록 했다. 현장에서 상황을 보니 경기장과 선수촌 간 이동 시간이 길어 선수들이 경기 전후에 제대로 휴식을 취하기가 어려웠다.

당시 경기 일정은 오전 11시, 오후 3시와 4시에 나뉘어 있었는데 선수들이 점심을 먹고 선수촌과 경기장을 오가다 보면 이동 시간만 1시간 반에서 2시간이 걸렸다. 그런 여건에서는 제대로 쉬기가 어려웠다. 차라리 경기장 인근에 머물며 컨디션을 조절하는 것이 훨씬 효율적이라고 판단했다. 나에게 배정된 숙소를 내주고 나는 다른 에어비앤비를 수소문했다. 선수들이 경기 전후에 편하게 쉬고 회복할 수 있도록 일종의 베이스캠프를 만든 셈이었다.

그렇게까지 지원을 한 이유는 명확했다. 협회에 소속된 우리는 선수들을 지원하기 위해 온 것이지 관광을 하거나 대우를 받으러 온 것이 아니기 때문이다. 나 역시 선수 생활을 해봤기에 경기장 안팎의 환경이 선수들에게 얼마나 민감하게 작용하는지 잘 알고 있었다. 그래서 필요한 것이 있다면 당연히 채워주는 것을 원칙으로 세웠고, 선수와 지도자에게도 경기력에 도움이 되거나 불편한 사항이 있다면 언제든 의견을 낼 수 있도록 소통해 왔다.

경기 전에는 직접 훈련장을 찾아가 선수들을 격려하며 긴장을 덜어주려고 했다. 협회장이기도 하지만, 올림픽을 경험한 선배로서의 역할도 필요할 것 같았다. 전날 대진 추첨에서 혼합 복식과 여자 단체전은 준결승에서, 남자 단체전은 8강에서 중국을 만나는 대진표를 받고 부담스러워하고 있었다.

"너희만 부담스러운 게 아니라 중국도 부담스러울 거다. 올림픽 무대에서는 모든 선수가 준비한 경기력을 다 보여주기 때문에 어차피 누구랑 해도 다 한 포인트 승부라고 생각하면 된다!"

올림픽에서 중국 선수를 상대로 금메달을 딴 경험이 있던 나는 선배로서 조언했다.

"스스로를 까다롭다고 생각해야 한다. 그러면 상대도 여러분을 까다롭고 두렵게 생각할 거다. 자신감 가지고 밀어붙이면 안 되는 게 없다."

또 혼합 복식 16강에서 맞붙는 첫 상대가 독일팀이었는데 그중 한 선수가 요즘에는 보기 드문 펜홀더 선수였다. 초반 경기에서 익숙하지 않은 이면타법 선수를 상대해야 하니 선수들이 괜히 긴장하는 것 같았다. 충분히 잘할 것을 알았지만, 펜홀더 타법으로 금메달을 딴 선배를 상대해 보는 경험도 괜찮을 거라는 생각에 팔을 걷어붙였다.

정장을 입은 채로 탁구대 앞에서 선수들에게 서브를 넣

었다. 10여 분간 짧은 시간이었는데 현장에 있던 기자들이 그 장면을 포착해 언론에 보도가 됐다. 기사에는 유승민이 오랜만에 탁구채도 잡았다, 정도로 표현됐지만 나는 그 짧은 순간 선수들을 생각하는 내 진심이 닿았다고 느꼈다.

결국 한국 탁구 대표팀은 파리 올림픽에서 2개의 동메달을 획득하며 3연속 노메달의 악몽을 끊어냈다. 메달을 획득한 그 순간이 얼마나 감격스럽던지 두 번의 노메달을 거친 뒤, 오랜 기다림 끝에 따낸 메달이었기에 의미와 가치는 더욱 컸다.

파리 올림픽이 마무리될 무렵, 바흐 위원장은 IOC 선수위원으로서 임기가 종료되는 네 명의 위원들을 호명하며 감사 인사를 전했다. 8년의 시간을 마무리하는 뜻깊은 자리였다. 그런데 그 순간 나는 총회장이 아닌 탁구 경기장에 있었다. 우리 선수들에게 메달을 걸어주고 있었기 때문이다.

나에게는 우리 선수들을 응원하고 그들의 경기를 지켜보는 것이 더 중요했다. 경기 전 우리 선수들이 메달을 딴다면 내가 직접 걸어주고 싶은 마음이 간절했다. 그래서 IOC에 탁구 경기 시상식에 나를 배정해 달라고 미리 요청해 두었다. 물론 메달 수여가 IOC 위원이 원하는 곳으로 되는 건 아니다. 하지만 가끔 한두 개의 시상식에는 의미 있는 배정을 해주기도 하는데, 파리 올림픽에서 내가 그런 배려를 받게 되었다.

다음 날 폐막식과 함께 파리 올림픽이 마무리됐고 나 역시 IOC 위원으로서 공식적인 임기를 마쳤다.
　이제 내 이름 앞에는 전 IOC 위원이라는 타이틀이 붙을 것이다. 하지만 그 시간 동안 내가 보고, 듣고, 느꼈던 경험들은 앞으로의 내 삶에 선명한 흔적으로 남을 것이라 생각한다.

2,244명의 마음을 흔드는 과정

2024 파리 올림픽을 끝으로 IOC 선수위원 임기를 마친 후 고심하고 있던 문제의 답을 내리기 위해 숙고에 들어갔다. 파리로 출국하기 전부터 제안받았던 것에 이제는 답을 내놓아야 했다. 하지만 쉽게 결정할 수 있는 게 아니었다.

2주간 고심에 고심을 거듭한 끝에 마음을 굳혔다. 대한체육회장 선거에 출마하겠다고.

　나는 선거에 출마한다면 반드시 이겨야 하는 경기에 나가는 거라고 생각하는 사람이다. 결과는 알 수 없지만, 그런 자리에 나간다면 이 정도의 마음가짐은 가지고 나서야 자격이 있는 게 아닐까. 선수 시절에도 나는 '경험' 삼아 대회에 나간다는 생각은 하지 않았다. 출전하면 무조건 이긴다는 마음으로 경기를 치렀기에, 그것이 대한체육회장 선거라 해도 다를 바 없었다.
　하지만 이 선거는 시작부터 쉽지 않았다. 전임 회장이 출마 여부를 결정하지 않은 상태에서 결론을 낸다는 것이 어렵기도 했고, 출마하더라도 이길 수 없는 싸움이라는 편견이 팽배한 상황이었다. 머릿속이 복잡했다. 당선 가능성과 리스크, 시기와 전략까지 하나하나 따져볼 것이 너무 많았다. 단순히 한번 도전해 보겠다는 게 아니라 승리를 목표로 한 결정이었기에, 마지막까지 고심에 고심을 거듭했다.
　주변에서는 출마를 권하는 사람이 반, 아직 젊으니 다음번에 도전해 보는 게 어떠냐는 조언을 하는 사람이 반일 정

대한체육회장 선거 후보자 등록 현장

도로 의견이 갈리고 있었다. 나 역시 생각이 엇갈리며 고민이 많았지만 결국 출마하는 쪽으로 마음이 기울었고 그렇게 결정한 이상 제대로 해보겠다는 각오를 다졌다.

우선 대한탁구협회장직부터 내려놓았다. 이미 다른 목표를 향해 도전하기로 마음을 먹은 상태에서 협회장직을 유지하는 건 바람직한 일이 아니었다. 대한탁구협회장직을 사임하면서 대한체육회장 선거에 도전하겠다고 공식 발표했다. 그것이 선거 레이스의 시작이었다.

대한체육회장 선거의 투표권자는 선수, 지도자, 심판, 경기단체 임원들 등이다. 선수들은 대한체육회에 등록된 아마추어 동호회원들까지 전부 포함되는데, 이 지점에서 대한체육회의 특징이 드러난다.

대한체육회는 단순히 엘리트 스포츠만 관장하는 것이 아니라, 생활체육까지 모두 아우르는 조직인 것이다. 그런 만큼 경쟁력 있는 후보들도 많았기 때문에 쉽지 않은 싸움이 될 거라는 건 처음부터 알고 있었다.

선거 전략을 세워야 했다. 그냥 열심히 달리겠다는 마음으로 승부를 볼 수 있는 경기가 아니었다. 내 첫 번째 전략은 다른 후보자들이 할 수 없는 일을 찾는 거였다. 대한체육회에는 68개의 종목이 있고 모든 종목에 선거권이 주어진다. 그리고 전국 228개 시·군·구에 투표권이 분포되어 있다. 나는 이 점에 착안해 68개 종목을 모두 직접 체험하며 유권자들에게 다가가겠다는 전략을 세웠다.

이 계획은 단순한 퍼포먼스가 아니라, 체육회장이 될 사람이라면 모든 종목에 대한 이해도가 있어야 한다는 원칙에 기반해 나온 계획이었다. 말만으로는 내가 어떤 마음으로 체육회장 후보에 나섰는지 전달하기가 부족하다는 생각이 들기도 했다. 직접 종목을 체험하고, 선수들과 소통하는 과정이 의미 있을 거라고 생각했다.

하지만 말이 쉽지 68개에 달하는 종목의 장비와 유니폼을 구하는 일은 어마어마한 과제였다. 짧은 시간에 캠프 직원들과 함께 전력을 다해 유니폼을 구했고, 장비를 맞추고, 촬영을 하고, 영상을 편집하며 치열하게 보냈다. 그야말로 고군분투였다.

그런데 촬영한 영상을 종목별로 매칭해서 보내는 과정에서도 새로운 난관과 마주쳤다. 소속이 불분명한 유권자들도 있어 정확한 메시지를 보내는 게 어려웠던 것이다. 예를 들어 서울특별시체육회라고만 나오면 어떤 종목인지 알 수가 없기 때문에 카카오톡 프로필 등을 일일이 확인하며 종목을 파악했다. 쉽지 않은 과정이었지만, 이런 어려움을 마주하며 대한체육회의 실체적인 모습들을 볼 수 있었다. 조금씩 구성원에게 다가가고 있다는 생각도 하게 됐다.

한편 1월 1일 새해 인사는 어떻게 할지 고민하다가, 전국 17개 시·도와 228개 시·군·구 체육회장님들께 세배를 드

스노보드 체험 현장   아이스하키 체험 현장

리는 영상을 제작하기로 했다. 체육회장님들이 대부분 연배가 높은 만큼 가장 진심 어린 존경을 표현하는 방법이 무엇일지 생각했고 내가 선택한 답은 세배였다.

  그런데 우리 나라 사람이라면 모두가 알고 있겠지만, 절을 하는 동작은 익숙한 자세가 아니다. 선 자세에서 엎드리기까지 온몸을 움직여야 한다. 이걸 몇 시간을 반복하면 온몸의 근육이 멀쩡할 수가 없다. NG를 포함해 무려 300번 가까이 절을 하니, 온몸이 땀으로 젖고 팔·다리가 떨렸다. 5시간이 넘는 시간이 소요됐지만, 끝까지 완수하고 무사히

발송을 했다.

투표율을 높이기 위해, 선수·지도자·심판 등 약 1,000명에게 투표 독려 영상을 보내기도 했다. 카카오톡을 이용해 1,000여 명에 달하는 유권자에게 일일이 인사를 전했는데, 형식적인 기존의 선거운동 방식과 다르게 소통한다는 의견을 많이 들었다.

한번은 어떤 유권자가 전화를 걸어 진짜 유승민이 맞냐고 물었는데, 그 자리에서 바로 영상통화로 변경해 얼굴을 보여주며 인사를 했다. 또 다른 유권자에게는 다른 후보들은 이렇게까지 하진 않더라는 말을 듣기도 했는데, 그런 반응을 보며 내가 설정한 방향이 틀리지는 않았구나, 하는 생각이 들었다. 물론 하루에 너무 많은 메시지를 보내니 카카오톡 계정이 정지되기도 했지만, 중요한 건 나의 진심을 전달하고자 했다는 거다.

이런 노력 덕분인지 잘 알려지지 않은 종목에서 먼저 반응이 왔고, 그들이 마음을 열고 강한 지지를 보내주었다. 그 과정들이 나에게는 정말 큰 힘이 되었다. 반면 메시지

발송을 불편해하는 유권자에게는 직접 사과를 한 뒤 메시지 발송을 중지하는 등의 조치를 취했다. 표가 간절하긴 해도 유권자 누구에게도 부담을 줄 생각은 없었고 진심을 전하는 방식 역시 상대의 입장을 충분히 고려해야 한다고 생각했다.

탁구 훈련을 할 때도 공을 건성으로 100번 치는 것보다, 정성을 다해 10번 치는 것이 승부를 가른다. 마찬가지로, 나는 선거운동도 어떻게 진정성을 담아 유권자들에게 다가갈까를 고심했다. 내가 가진 에너지를 최대한으로 쏟아야 조금이나마 마음에 닿지 않을까, 라는 마음으로 직접 실천했다. 덕분에 선거운동 기간 20일은 운동선수였던 나에게도 매일 체력적으로 한계를 느꼈던 시간이다.

세 번째 바위를 깨다

그렇게 선거를 치르다 보니, 그 과정에서 생각하지 못했던 것들을 경험했다. IOC 위원 선거 때와는 또 다른 것이었는데, 그때보다 나이가 들어서 시야가 확장된 것도 있겠지만 대한민국의 체육을 바치고 있는 현장을 다녀보며 남다른 감회를 느낀 것이다.

우리나라 체육계가 얼마나 역동적인 잠재력을 가졌는지, 전국 곳곳에서 얼마나 많은 사람들이 애정을 가지고 체육계를 지탱하고 있는지 생생하게 느낄 수 있었다. 그런 모습을 보면 지쳐가던 나에게도 에너지가 느껴졌고, 그 동력으로 선거 전날까지 치열하게 모든 걸 쏟을 수 있었던 것 같다.

하지만 여론은 처음부터 변함이 없었다. 유승민의 당선 가능성은 희박하다는 것. 유권자들의 마음에 한 걸음씩 다가가고 있던 우리는 미세하지만 변화가 있다고 생각하고 있었는데, 이런 큰 선거를 여러 번 지켜본 사람들에게 그건 별것이 아닌 듯 보였다.

내가 '대항마'는 될 수 있겠지만 이기기는 어려울 거라는 예상이었다. 전임 회장의 재선 가능성을 높게 점치고 있었는데, 40%에 육박하는 견고한 지지층을 가진 그는 처음부터 끝까지 강력한 후보였다. 그가 자리를 지킬 거라는 전망이 쏟아졌고, 승리를 예상하는 보도에 내 이름은 언급되지 않았다.

의도적으로 의식하지는 않았지만 그런 반응을 볼 때마다 오래된 감정이 다시 떠올랐다.

'이것도 계란으로 바위 치기라는 얘기네.'

드디어 선거 날이 되었다. 정견 발표 준비를 한 후 투표장으로 향했다. 올림픽공원 내 올림픽홀은 다른 후보자들의 지지자들로 꽉 들어차 있었다. 자신들이 지지하는 후보를 향해 응원을 보내는 소리가 뒤엉키니, 마치 전쟁터와 같은 느낌이었다. 단촐한 인원으로 자리한 우리 캠프팀 직원들과 지지자들이 주눅 들지 않기 위해 애쓰는 모습이 눈에 들어왔다.

나는 대기실로 향했다. 내 자리를 찾아가 보니 한 공간에 두 후보가 칸막이 하나를 두고 같이 쓰는 상황이었다. 후보자가 6명이었기 때문에 공간이 부족해 어쩔 수 없는 것 같았다. 나는 연배가 있는 후보와 같은 칸을 쓰게 되어, 말 한마디 하는 것도 조심스러웠다.

이날은 각 후보자의 소견 발표와 투표, 개표, 개표 결과 공표, 당선인 결정 순으로 진행됐다. 정견 발표 후 후보자들은 대기실에서 기다려야 했다. 엄청난 긴장감에 휩싸이지는 않을까 싶었는데, 생각보다 마음이 차분했다.

'진인사대천명(盡人事待天命)이다.'

마음을 내려놓아서인지, 할 수 있는 건 다 했다는 생각이 들어서인지는 몰라도 편안한 마음으로 대기했다.

여러 절차가 진행되고, 마침내 후보별 득표수가 나오기 시작했다. 먼저 다른 후보들이 몇 표를 얻었는지부터 발표가 됐는데, 들으면서 숫자를 계산하다 보니 특정 후보가 예상보다 적은 표를 가져갔다는 사실을 알게 됐다. 잠시 후 가장 궁금했던 전임 회장의 득표수를 듣자마자 '이겼다'는 걸 직감했다. 온몸에 전율이 흘렀다.

이제 최종 개표 결과만 나오면 끝이다. 이겼다는 걸 확신하긴 했지만, 다들 긴장한 기색이 역력했다. 공식적인 발표가 있어야 한다. 얼마간의 시간이 흐르고 마침내 공표됐다.

'유승민 당선 확정.'

환호성이 터져 나왔다. 안도와 환희, 눈물과 웃음이 뒤섞

대한체육회장 당선 직후

인 감정의 파도가 함께 고생한 동료들 사이를 휘감는 듯한 느낌이었다. 할 일을 다 했으니 결과는 하늘에 맡기자고 생각하긴 했지만, 당선이 확정된 순간만큼은 감격스러웠다.

후보별 득표수를 비롯한 최종 결과를 확인했다. 신기했던 것은 예상했던 대로 1, 2위 간의 표 차이가 30여 표 정도로 비슷하다는 것이었다. 언론에도 보도되었지만 나는 2위보다 38표를 더 얻어 당선되었다.

평일에 진행된 현장 투표라 득표율은 예상했던 대로 낮았다. 실제 투표율은 53.9%였다. 우리는 60% 이상의 투표율이 나와야 유리하다고 판단했는데, 현장에서 낮은 투표율을 보며 조금 불안하기도 했다. 그런데 결과를 확인한 뒤, 이건 결국 한 사람 한 사람과 마음이 통했기 때문에 이룬 성과라는 생각이 들었다.

선거는 결국 자본과 조직력이다. 이 두 가지가 얼마나 막강한지에 따라 결과가 갈린다. 이런 기준으로 따지면 우리는 정말 소규모 소자본이었다. 기존에 나의 지지 세력이 있었던 것도 아니고 내가 기업 활동을 해온 것도 아니었다. 그 배경은 프레젠테이션 하나만 봐도 차이가 났다. 전문 업체의 도움을 받을 수도 없는 상황에서 우리는 영혼까지 끌어 올려 만들었다. 그런데 이게 더 의미가 있었다. 다윗과 골리앗의 싸움.

캠프가 단합이 잘됐다. 열 사람이 할 일을 한 사람이 하면서 서로서로 도와주고 끌어주는 분위기가 단단하게 형성이 됐다.

유승민 캠프에 모인 사람들은 모두가 안 된다는 여론에도 기적을 바라는 마음으로 모인 사람들이었다. 대부분이 체육하는 사람들. 모두가 안 된다는 캠프에 들어온다는 건 그들도 많은 것을 포기하고 왔다는 뜻이었다. 확률이 없다고 하는데 신의와 믿음이 있으니 나와 함께한 것이었다. 그런 원동력이 나를 300번을 절하게 하고 60개가 넘는 스포츠를 체험하게 만들었다.

단 하루도 내가 먼저 귀가해서 쉴 수 없었다. 모두가 밤을 새워 일하고 있는데, 후보가 편하게 들어가서 쉰다는 건 상상도 못할 일. 일생에서 가장 긴 하루하루를 보내고 있었지만 다음 날 눈 뜨는 게 두려울 정도의 고된 행군이었지만 이런 사람들이 있어 나는 다시 움직일 수 있었다.

지금 돌아보니 나에게 표를 던지신 분들은 결국 이 에너지를 본 게 아닐까 싶다. 작지만 단단하고 강하게 뭉쳐 있던 이 소중한 기운을 보고 한 표를 주신 게 아닐까. 그런 분들의 그 진심을 나는 결코 외면할 수 없다. 앞으로 힘들거나 흔들릴 때마다 그 한 표에 담긴 마음을 묵직하게 느끼려고 한다.

금메달을 땄을 때도 내가 경험한 건, 이건 나 혼자만의 성취나 혼자만의 기쁨이 아니라는 것이었다. 가족과 동료,

도와주는 수많은 사람들이 함께 만들어 낸 결과였다.

그런데 선거도 마찬가지였다. 나 혼자서는 과정을 제대로 지나오지도 못했을 것이다. 진심으로 만난 사람들이 함께 만들었고 함께 해냈다. 나는 앞으로도 이 사람들의 헌신과 마음을 계속 기억할 것이다.

증명하는 리더이고 싶다

선거가 끝나고 소감을 발표하면서, 나는 마음에 있던 이야기를 했다.

"이제부터가 중요합니다. 중책을 맡았지만, 혼자서는 해낼 수 없는 일입니다. 체육인들이 함께 도와주셔야 하고 대한체육회를 발전시키기 위해 다양한 분야의 사람들과 협력해 나가겠습니다."

그리고 그 순간 새로운 마음이 밀려왔다. 선거는 끝났지만 진짜 여정은 이제부터 시작이라고. 당연한 말이지만 대한체육회장이란 자리는 선거에서 승리한 걸로 완성되는 게 아니다. 새로운 길을 열어야 하는 의무와 책임을 짊어진 자리다.

당선이 확정된 그날 곰곰이 생각해 봤다.
'나는 어떤 리더가 되고 싶은가? 어떤 리더로 움직일 것인가?'
언젠가 신문에서 본 만평이 떠올랐다. 새로운 일을 할 때 리더의 성향을 보는 것이었다.
직원을 먼저 보내 어떤지 알아보게 한 후 보고를 받고 결정을 하는 리더와, 직원 대신 리더가 먼저 가 알아보고 그 방향성을 알려주는 리더 중 어떤 사람이 되고 싶은가? 나는 후자를 선택하려고 한다. 리더가 잘 알지도 못하는 길을 어떻게 동료들과 함께 갈 수 있겠는가.
4년 뒤 그동안 해왔던 일을 평가받을 때 "역시"라는 말이 나왔으면 좋겠다. 한 가지 욕심을 덧붙이자면 "믿을 수 있다"는 말을 들을 수 있다면 더 바랄 것이 없을 것 같다.

에필로그

IOC 선수위원으로서 마지막 해를 맞이한 2024년 초, 그동안의 경험을 책으로 남겨보면 좋겠다는 생각이 들었다. 올림픽 4회 출전에 금·은·동메달을 모두 딴 선수였지만 선수위원이 되기 전까지 나도 IOC에서 어떤 일을 하는지 자세히는 몰랐다. 그런데 직접 활동하며 배운 것은 상상 그 이상이었다.

어린 시절로 돌아가 처음 탁구대와 마주했던 때로 가 보았다. 지독하게도 가난했던 시절, 탁구대 앞에 서 있는 나를 보며 웃고 계시던 부모님의 얼굴이 보였다. 힘겨운 일상이었지만 어린이 유승민은 부모님의 큰 사랑을 받으며 단단하게 자라고 있었다. 처음 태릉선수촌에 들어갔던 때, 첫 올림픽에서의 좌절 그리고 중국을 꺾고 끝내 금메달을 목에 걸었던 순간을 떠올려보니, 어린 선수가 계란으로 바위를 깨고 있었다.

은퇴 후 나는 IOC 선수위원에 당선되며 두 번째 바위를 깼다. 처음의 경험이 두 번째까지 이끈 게 아닌가 싶었다. 그런데 책을 쓰던 와중에 세 번째 바위를 깨고 말았다. 대한체육회장에 당선된 것이다. 아무도 긍정적으로 보지 않았던 도전이었다.

지금까지 총 세 번, 계란으로 바위를 깨면서 내가 배운 것은 하나였다. 혼자서는 할 수 없다는 것. 돌아보니 어린 시절에는 부모님으로부터 거대한 사랑을 받았고, 동료·선생님들과 함께 뛰며 성취를 해갔다. 결혼한 이후에는 아내와 아이들의 배려와 사랑으로 여러 나라를 다니며 새로운 것을 배우고 있었다. 깊은 사랑이 내 중심을 잡아 주었고, 새로운 도전을 두려워하지 않게 해주고 있었다. 이 자리를 빌려 고마움을 전하고 싶다.

어떻게 해서 무엇을 이뤘다는 걸 쓰긴 했지만, 본질은 하나다. 어떤 성취를 이루기 위한다면 혼자서는 할 수 없으니, 함께 걷는 법을 배워야 한다는 것. 여러 사람의 마음과 능력이 모여 함께 만들어 가는 것이라는 말을 하고 싶었는데, 첫 집필이라 그 의도가 잘 전달될지 모르겠다.

나는 지금 새로운 도전 속에 서 있다. 많은 이들의 기대에 부응하고 무엇보다 나 자신과의 약속을 잘 지키고 싶은 마음도 간절하다. 앞으로 힘들 때, 혼란스러울 때 이 책이 스스로를 다잡는 거울이 되어 더 나은 길로 이끄는 이정표가 되었으면 한다. 그리고 도전을 앞둔 사람들, 주변 환경으로 인해 어려움에 처해 있는 사람에게도 작은 용기를 줄 수 있는 책이 될 수 있다면 좋겠다.

2025년 여름, 유승민

추천사

탁구 신동, 최연소 국가대표, 아테네올림픽 남자 단식 금메달, IOC 선수위원, 최연소 대한탁구협회장, 최연소 대한체육회장……. 유승민을 칭해 온 수식어다. 그리고 이는 많은 사람의 예상을 깨고 최소확률을 극복하고 이루어낸 업적들이다.

유승민이 지나온 시간은 모든 과정이 반전의 반전이었다. 그를 어린 시절부터 지금까지 지켜본 느낌은 한 마디로 '평범하지 않다' 이다. 선수로서의 기록들, 행정가로서의 성과, 삶의 순간순간이 기적이었다. 모두가 안 된다고 했을 때마다 그는 예상을 깨고 되게 만들었다.

처음에는 설마설마했는데 도전을 하고 결국 하나씩 이루어내는 것을 보면서, 놀라움을 금치 못했다. 그에게는 말로 설명이 안 되는 기운과 초능력인 능력이 있다.

하지만 모든 반전 뒤에는 이유가 있다. 유승민에게는 사람들이 느낄 수 있는 고통의 최고 한계를 뛰어넘었던 시간, 간절하고 절실한 노력과 집념이 동반된 치밀한 준비가 있었다. 나는 선수부터 지금까지 그 과정들을 직접 보았다. 모든 일에 늘 최선을 다하는 치밀함, 어떤 고통 속에서도 목표한 것에 닿으려는 노력이 유승민 자체였다.

선수 시절의 치열한 노력과 성과 그리고 도전과 헌신의 마음으로 국제 스포츠 행정을 경험한 유승민. 그는 이제 그 시간을 기반으로 전세계 스포츠 외교에도 리더십을 발휘하려고 한다. 젊은 나이에 수많은 이해관계와 견제 속에서도 흔들리지 않고 극복해나가는 모습이 존경스럽다. 겸손하면서도 자신감 넘치는 에너지를 응원하고 싶다.

여태껏 많은 도전과 변화를 경험한 그가 앞으로 대한민국 체육을 어떻게 변화시킬지 궁금하다. 물론 오랜 시간 지켜본 나는 어느 정도 알고 있고 확신할 수 있다. 하지만 보다 많은 사람이 그를 알아갔으면 한다. 지금까지 그가 지나온 길, 치열했던 시간을 어떻게 극복해왔는지 어떤 철학으로 최선을 다해 왔는지를 이 책을 통해 간접적으로나마 보며 앞으로의 길을 함께 지켜봤으면 한다.

제27대 국가대표선수촌장 김택수

선거를 준비하며 우리가 가장 자주 마주한 말은 "어려서 안 된다"라는 말이었습니다. 기대보다는 걱정이 앞섰고, 가능성보다는 불가능을 말하는 이들이 더 많았습니다. 그런 분위기 속에서도 우리가 믿은 건 단 하나, 유승민이라는 사람이었습니다.

체육계를 누구보다 사랑하는 사람, 선수의 마음을 가장 잘 아는 사람, 그리고 결국에는 사람을 향해 걷는 사람. 그래서 우리는 처음부터 끝까지 함께할 수 있었습니다.

사무실 바닥에서 쪽잠을 자고, 씻을 틈도 없이 다시 현장으로 나가야 했던 하루하루. 그 모든 고단함 속에서도 우리가 버틸 수 있었던 건, 누구보다 앞장서서 조용하지만 단단하게 자신을 던지는 유승민이라는 사람 때문이었습니다. 그 모습을 보며 우리는 다시 일어설 수 있었습니다. 그의 진심이, 그 시간 속에 우리 모두를 다시 일으켜 세웠습니다.

"밥은 먹었나요?"

늦은 밤까지 일하는 직원에게 다정히 물어주던 말, 걱정되는 마음에 음식을 가득 사 와 조용히 건네던 손. 그 따뜻함은 '연출'이 아닌 '일상'이었습니다. 어떤 날은 따뜻한 동료 같고, 또 어떤 날은 모두의 무게를 끌어안고 중심을 지켜주는 든든한 리더였습니다.

대한체육회장 취임식 날, 유 회장은 조용히 이런 제안을 했습니다. "선수촌 식당 아주머니들, 청소·경비 직원분들을 꼭 모셨으면 좋겠습니다. 제가 선수 시절, 그분들이 해주신 밥을 먹고 자랐습니다. 그건 저에게 집밥이었고, 삶이었습니다. 이제는 제가 그분들에게 밥 한 끼라고 대접하고 싶습니다."

이 한마디에 우리는 이 사람이 어떤 사람인지 다시금 느꼈습니다. 지위가 높아져도 변하지 않는 사람. 빛이 만들어지기까지, 그 뒤편에서 묵묵히 자리를 지켜주는 분들을 누구보다 깊이 알고 있던 사람. 그 마음이 곧, 유승민입니다.

이 책은 그런 유승민의 삶을 고스란히 담아낸 기록입니다. 화려한 이력 너머, 코트 뒤에서 버틴 수많은 날들, 땀과 진심으로 차곡차곡 쌓아 올린 하루하루가 펼쳐집니다. 그 길을 따라가다 보면 문득 깨닫게 됩니다. 진심은 반드시 전해지고, 흔들림 없이 걸어간 사람에게는 결국 길이 열린다는 것을.

글을 보고 있으면, 단지 한 사람의 이야기가 아니라는 것을 느낄 것입니다. 오늘을 버티는 우리 모두에게 "당신도 할 수 있습니다"라고 묵직하지만 따뜻하게 건네는 응원의 말이 담겨있다는 걸.

그의 걸음을 가장 가까이에서 지켜본,
유승민 선거캠프 'With 유'

2020년 유승민 회장님을 뵈었습니다. 당시 IOC 선수위원으로서, 청소년들을 위한 2024 강원 동계청소년올림픽 유치를 위해 직접 발로 뛰며 소통하고 있었는데요. 누구보다 활발하게 움직이시는 모습이 인상 깊어 지금도 생생하게 남아 있습니다.

책을 읽는 내내, 스포츠계 후배로서 "경이롭다" "진짜 대단하다"라는 생각밖에 들지 않았습니다. 그 감탄은 단순히 성과만을 이야기하는 것이 아니었습니다. 변화무쌍한 순간 속에서도 자신의 중심을 잘 지켰고, 단단하게 앞으로 나아가던 열정과 진심이 고스란히 느껴졌습니다.

한 명의 선수로서, 코치로서, IOC 선수위원으로서 또 대한체육회 회장이 되기까지의 장면들은 대한민국 스포츠계 후배에게 굉장한 울림을 남겼습니다. 안 될 것 같은 새로운 도전에 발을 딛고, 그것을 해내는 과정에 대한 글은 읽는 내내 가슴을 뛰게 했습니다.
  이 이야기가 도전을 앞두고 있는 많은 이들에게 큰 용기와 영감이 되기를 진심으로 바랍니다.

대한민국 피겨스케이팅 선수 차준환

연보

1982년		8월 5일 인천광역시 출생
1990년	9세	인천 도화초등학교 전학(초등학교 2학년), 탁구부 입문
1992년	11세	대한탁구협회 전국 종별선수권 대회 개인전 3위 교보생명컵 꿈나무체육 대회 4학년 부문 1위 문화체육관광부장관기 전국탁구 대회 개인전 2위
1993년	12세	회장기 전국초등학교탁구 대회 개인 1위 동아시아호프스 최종선발전 1위 문화체육관광부장관기 전국탁구 대회 개인전 1위 전국남녀종별선수권 대회 우승
1994년	13세	부천 오정초등학교 전학(초등학교 6학년) 동아시아호프스 개인전, 단체전 2관왕
1995년	14세	부천 내동중학교 입학 문화체육관광부장관기 전국탁구 대회 개인전 1위 전국남녀종별선수권 대회 우승 국가대표 상비군 등록
1997년	16세	최연소 국가대표 발탁: 맨체스터 세계탁구선수권 대회 세계 랭킹 61위 랭크 아시아 주니어 탁구 선수권 단식 4강 진출, 단체전 우승 10월 국내 실업팀 입단
1998년	17세	전국종합선수권 대회 4강 진출
1999년	18세	아시아 주니어 탁구 선수권 단식, 복식 우승
2000년	19세	시드니 올림픽 출전 독일 분데스리가 진출
2001년	20세	실업 데뷔, 국내 대회 3관왕
2002년	21세	부산 아시안게임 남자 복식 금메달, 혼합복식 은메달, 단체 은메달
2003년	22세	전국남녀종별선수권 대회 단식 우승 대통령기 대회 단체전 우승 마사회장배 MBC탁구최강전 단체전 우승

2004년	23세	전국종합탁구선수권 대회 개인 복식 우승 삼성생명 비추미배 탁구 왕중왕전 단식 우승 이집트 오픈 단식, 복식 우승(2관왕) US 오픈 단식, 복식 우승(2관왕) 아테네 올림픽 남자 단식 금메달
2006년	25세	칼컵 그랑프리탁구 대회 단체 우승
2007년	26세	바르셀로나 탁구 월드컵 은메달
2008년	27세	베이징 올림픽 남자 단체 동메달 유럽 리그 진출: 유러피안 클럽 컵 오브 챔피언 우승
2010년	29세	프랑스 리그 진출
2012년	31세	런던 올림픽 단체 은메달 국가대표 은퇴 독일 분데스리가 계약
2014년	33세	6월 현역 은퇴 7월 국가대표팀 코치 발탁 삼성생명 여자 탁구단 코치 취임
2015년	34세	8월 국내 IOC 선수위원 최종 후보 선정 12월 IOC 선수위원 최종 후보 24인 선정
2016년	35세	8월 IOC 선수위원 당선: 24인 중 4명 당선, 최종 2위 기록 대한체육회 이사 선임
2017년	36세	대한탁구협회 이사 선임 평창 동계올림픽 성화 봉송
2018년	37세	평창 동계올림픽 평창선수촌 촌장 역임
2019년	38세	대한탁구협회 회장 당선
2021년	40세	아시아 최초 IOC 선수위원회 부위원장 당선
2022년	41세	베이징 동계올림픽 메달 시상위원으로 참여
2024년	43세	대학탁구협회 회장 자격으로 파리 올림픽 참가 IOC 선수위원 임기 만료 대한탁구회장 사퇴 대한체육회장직 선거 출마 발표
2025년	44세	1월 14일 대한체육회 회장 당선